四书五经

卷一

[春秋]孔子 等著
李楠 编译

图书在版编目（CIP）数据

四书五经/［春秋］孔子著；李楠编译．—北京：北京工艺美术出版社，2019.5（2023.11重印）
（品读经典：双色线装）
ISBN 978-7-5140-1616-1

Ⅰ．①四… Ⅱ．①孔… ②李… Ⅲ．①四书 ②五经 Ⅳ．①B222.1 ②Z126.1

中国版本图书馆CIP数据核字（2018）第212400号

出 版 人：陈高潮
责任编辑：赵震环
装帧设计：书心瞬意
责任印制：王 卓
法律顾问：北京恒理律师事务所 丁 玲 张馨瑜

四书五经
SISHU WUJING
［春秋］孔子 著 李楠 编译

出 版：北京工艺美术出版社
发 行：北京美联京工图书有限公司
地 址：北京市西城区北三环中路6号
京版大厦B座702室
邮 编：100120
电 话：（010）58572763（总编室）
（010）58572878（编辑室）
（010）64280045（发 行）
传 真：（010）64280045/58572763
网 址：www.gmcbs.cn
经 销：全国新华书店
印 刷：唐山楠萍印务有限公司
开 本：889毫米×1194毫米 1/16
印 张：40
版 次：2019年5月第1版
印 次：2023年11月第2次印刷
印 数：3001~6000
书 号：ISBN 978-7-5140-1616-1
定 价：380.00元（全四册）

前言

『四书五经』是『四书』和『五经』的合称，是中国儒家经典书籍。『四书』指的是《论语》《孟子》《大学》和《中庸》；『五经』指的是《诗经》《尚书》《礼记》《周易》和《春秋》，简称为『诗、书、礼、易、春秋』。以前，还有一本《乐经》，合称为『诗、书、礼、乐、易、春秋』，这六本书也被称作『六经』，其中的《乐经》后来亡佚了，就只剩下了『五经』。『四书五经』是南宋以后儒家的基本书目，为儒生学子的必读之书。

『四书五经』是中国传统文化的重要组成部分，是儒家思想的核心载体，更是中国历史文化古籍中的宝典。书中翔实地记载了中华民族思想文化发展史上最活跃时期的政治、军事、外交、文化等各方面的史实资料，以及影响中国文化几千年的孔孟重要哲学思想。历代科举选士试卷命题必出自『四书五经』，足见其对为官从政之道、为人处世之道的重要程度。此外，『四书五经』在社会规范、人际交流、社会文化等方面也产生了巨大的影响。时至今日，『四书五经』所载内容及哲学思想，仍对现代人具有积极的意义和极大的参考价值。

本次出版的《四书五经》双色线装珍藏本，精选了各『书』各『经』中的经典篇章，加以注释和语译，以飨读者。

目录

上经

荷香水榭

大学

大学

大学之道①，在明明德②，在亲民③，在止于至善④。知止而后有定⑤，定而后能静⑥，静而后能安⑦，安而后能虑⑧，虑而后能得⑨。物有本末，事有终始，知所先后，则近道矣。

古之欲明明德于天下者，先治其国；欲治其国者，先齐其家⑩；欲齐其家者，先修其身；欲修其身者，先正其心；欲正其心者，先诚其意；欲诚其意者，先致其知⑪。致知在格物⑫。物格而后知至，知至而后意诚，意诚而后心正，心正而后身修，身修而后家齐，家齐而后国治，国治而后天下平。

自天子以至于庶人⑬，一是皆以修身为本⑭。

其本乱而末治者，否矣；其所厚者薄⑮，而所薄者厚，未之有也。

【注释】

①大学：大，旧音『泰』。古人八岁入小学，学习基础文化及日常礼节；十五岁入大学，学习做人的道理。道：政治主张，思想体系。这里指古代大学教育的目的、纲领。②明：彰明，显明。明德：先天固有的善良的德性。儒家认为，一个人后天因受到褊狭气质的拘束和各种利益的蒙蔽，明德就会受到压抑；只有通过教育，才能使明德重新得到发扬。③亲：应为『新』，使……革新，指革除旧习。④止：到达。至善：善的最高境界。明明德、亲民、止于至善，三者是大学做学问的三大纲领。⑤止：名词，到达的境界。定：立定志向。⑥静：心不妄动，平心静气。⑦安：居处安稳。⑧虑：思虑周详。⑨得：获得，收获。指得到至善。⑩齐：整治。家：家族。⑪致：至。知：认识。先使认识达到极点，即认识明确。⑫格：研讨，探求。物：事物。格物：穷究物理。格物、致知、诚意、正心、修身、齐家、治国、

平天下八项，是大学做学问的八大条目。⑬庶人：泛指没有官爵的平民。⑭一是：一切，都是。⑮厚：重视。薄：忽略。

【译文】

大学的教育纲领是：彰显先天固有的善良的德性，革除旧的思想习气，以求达到最完善的境界。知道了要达到的境界，就要立下坚定的志向；有了坚定的志向，就能做到心不妄动，一心一意；做到了心不妄动，然后就能居处安稳；居处安稳之后，就能做到思虑周详；做到了思虑周详，然后才能达到最完善的境界。万物都有本末轻重，万事都有先后始终，知道了如何摆正事物的先后次序，那就接近掌握大学的纲领了。

古代想要显明美德于天下的人，首先要治理好他的邦国；要想治理好邦国，先要整治好他的家族；要想整治好家族，先要修养自己的品性；要想修养品性，先要端正好自己的思想；要想端正思想，先要使自己的意念真诚；要想意念真诚，先要认识明确。认识明确的途径在于不停探讨事物的原理。掌握了事物的原理，然后才能认识明确；有了明确的认识，然后才能意念真诚；做到了意念真诚，然后才能思想端正；思想端正，然后才能修养品性；品性得到了修养，然后才能整治家族；整治好家族，然后才能治理邦国；邦国得到了治理，然后才能使天下太平。

从天子直到百姓，都要把修养品性作为根本。

根本混乱而末节却得到了治理，这是不可能出现的；就一个家族来说，不以修身为本就意味着所重视的是枝节，所忽略的倒是根本，如此能整治家族的事是从来没有的。

此谓知本①。此谓知之至也②。

【注释】

①此谓知本：程颐认为此句是衍语。②至：顶点。

【译文】

这就叫懂得了根本的道理。这就叫知识达到了顶点。

所谓诚其意者，毋自欺也①。如恶恶臭②，如好好色③。此之谓自谦④。故君子必慎其独也⑤。

小人闲居⑥，为不善无所不至，见君子而后厌然⑦，揜其不善而著其善⑧。人之视己，如见其肺肝然，则何益矣？

此谓诚于中⑨，形于外⑩，故君子必慎其独也。曾子曰：『十目所视，十手所指，其严乎⑪！』

富润屋⑫，德润身，心广体胖⑬，故君子必诚其意。

【注释】

①毋：不要。②恶恶臭：前一『恶』字音『wù』，厌恶。恶臭，难闻的气味。③好好色：前一个『好』，喜好，喜爱，作动词用。好色，美色。④谦：通『慊』，满足，快乐。⑤慎其独：一人独处时谨慎不苟。独，独处。⑥闲居：独处，独居。⑦厌然：遮遮掩掩的神态。⑧揜：同『掩』，遮盖。著：显明。⑨诚于中：这里指心中想着什么。诚，诚实，真实，引申为想法、意念。中，心中。⑩形：用作动词，暴露、显现的意思。⑪其：同『岂』，意为『难道不是……』。⑫润：修饰，使……有光彩。⑬心广体胖：胸襟宽广，体貌安详自然。胖，宽舒，舒坦。

【译文】

所谓使意念真诚，就是说自己不要欺骗自己，要像讨厌难闻的气味、喜好美丽的女子一样出于真心，这样才能说心安理得。所以，君子在一人独处时一定要小心谨慎。

那些小人闲居独处时干尽坏事，见到君子之后却躲躲闪闪，企图把他们干的坏事掩盖起来，故意装出善良的样子。其实别人看他们，就像看到他们的五脏六腑一样，这种隐恶扬善的做法又有什么用处呢？这就叫内心有什么想法，就会在外表上表现出来。所以，君子在一人独处时一定要小心谨慎。曾子说：『十只眼睛看着你，十只手指指着你，难道不令人畏惧吗？』

财富可以修饰房屋，道德可以修养品性，心胸宽广，身体自然舒坦。所以君子一定要做到意念真诚。

《诗》云[1]：『瞻彼淇澳[2]，菉竹猗猗[3]。有斐君子[4]，如切如磋，如琢如磨。瑟兮僴兮[5]，赫兮喧兮[6]。有斐君子，终不可諠兮[7]。』如切如磋者，道学也[8]。如琢如磨者，自修也。瑟兮僴兮者，恂栗也[9]。赫兮喧兮者，威仪也[10]。有斐君子，终不可諠兮者，道盛德至善，民之不能忘也。

《诗》云[11]：『于戏！前王不忘[12]。』君子贤其贤而亲其亲[13]，小人乐其乐而利其利[14]，此以没世不忘也。

【注释】

①《诗》：指《诗·卫风·淇澳》篇。②淇：淇水，在今河南省北部。澳：水弯曲的地方。③菉通『绿』。猗猗：美好茂盛的样子。④斐：文采。⑤瑟：严密的样子。僴：宽大的样子。⑥赫、喧：盛大的样子。⑦諠：忘记。⑧道：言，讲的是。学：研习，治学。⑨恂栗：害怕，恐惧。⑩威仪：仪表威严。⑪《诗》：指《诗·周颂·烈文》篇。⑫于戏：

感叹词。前王：指周文王、周武王。⑬君子：指后世君主。贤其贤：前「贤」字用作动词，含「尊敬」之意。后「贤」用作名词，指贤人。亲其亲：前「亲」字用作动词，亲爱、亲近，后「亲」字为名词，亲族。⑭小人：指后世平民。

【译文】

《诗·卫风·淇澳》上说：「看那弯弯的淇水河畔，碧绿的竹子俊美茂盛。那个富有文采的君子，他治学就像在打磨、着坚硬的骨角，他修身就像在雕琢着精美的玉石。他庄重严肃，仪表堂堂。那个有文采的君子啊，让人永远不能忘怀。」「如切如磋」的意思，是说他如何学习求知；「如琢如磨」的意思，是指他如何自我修养；「瑟兮僩兮」的意思，是说他心存惧怯，行为谨慎；「赫兮喧兮」的意思，是说他仪表威严；「有斐君子，终不可諠兮」的意思，是说他品德高尚，达到了善的最高境界，所以人民不能忘记他。

《康诰》曰①：「克明德②。」《大甲》曰③：「顾諟天之明命④。」《帝典》曰⑤：「克明峻德⑥。」皆自明也。

【注释】

①《康诰》：《尚书·周书》的篇名。②克：能够。③《大甲》：《尚书·商书》中的篇名。大，读作「太」。④顾：思念。諟：古「是」字，这。明命：上天所赋予的明德使命。⑤《帝典》：《尧典》，《尚书·虞书》中的篇名。⑥峻：大。

【译文】

《尚书·康诰》上说：「能够发扬善良的德性。」《大甲》上讲：「思念上天赋予的阐明德性的使命。」《帝典》上说：「能够显明崇高伟大的德性。」这些都是说要自己发扬德性。

汤之《盘铭》曰①：「苟日新②，日日新，又日新。」《康诰》曰：「作新民③。」《诗》曰④：「周虽旧邦⑤，其命维新⑥。」是故君子无所不用其极。

【注释】

①汤：成汤，商代的开国君主。《盘铭》：刻在浴盘上的自警文辞。②苟：如果。新：更新。指如洗除身体上的污垢一样革新旧的思想。③作：振作。新民：使民众自新。④《诗》：指《诗·大雅·文王》篇。⑤旧邦：古老的邦国。⑥其命：周朝所承受的天命。维：助词。

【译文】

商汤的《盘铭》上说：「如果每天都能更新自己，那么就应该天天更新，并且每天不间断。」《康诰》上说：「振作起来，使民众自新。」《诗经》上说：「周朝虽是古老的邦国，但能秉承天命自我更新。」因此，君子无处不追求最完善的境地。

《诗》云①：「邦畿千里②，惟民所止③。」

《诗》云④：「缗蛮黄鸟⑤，止于丘隅⑥。」子曰⑦：「于止，知其所止，可以人而不如鸟乎！」

《诗》云⑧：「穆穆文王⑨，于缉熙敬止⑩。」为人君，止于仁；为人臣，止于敬；为人子，止于孝；为人父，止于慈；与国人交，止于信。

【注释】

①《诗》：指《诗·商颂·玄鸟》篇。②邦畿：君王的都城及其周围的地区。③惟：语助词。止：居住的地方。

④《诗》：指《诗·小雅·缗蛮》篇。⑤缗蛮：鸟叫声。缗，也作绵。⑥丘隅：山丘的角落。⑦子：指孔子。⑧《诗》：

指《诗·大雅·文王》篇。⑨穆穆：形容周文王端庄恭敬的样子。⑩于：音乌，感叹词。缉：继续。熙：光明。敬止：没一件事不是做到敬的地步。

【译文】

《诗·商颂·玄鸟》上说："天子的都城广阔千里，是老百姓安定的住处。"

《诗·小雅·缗蛮》上说："缗蛮鸣叫的黄鸟，栖息在山丘的一个角落。"孔子说："就住处来说，黄鸟尚且知道它合适的栖息之地，人岂能不如一只鸟！"

《诗·大雅·文王》上说："端庄恭敬的文王，你不断地光大先王美德，没有一件事不做到敬的地步。"作为君主，要努力做到仁义；作为臣子，要努力做到对主子恭敬；作为儿子，要努力做到孝敬父母；作为父亲，要努力做到对子女慈爱；和国人交往，要努力做到讲信义。

《诗·周颂·烈文》上说："啊呀！从前周文王、周武王的美德，人们永远不能忘记。"后来的君主都能像文王、武王那样敬重贤人、亲近亲族，让百姓们享受着欢乐，获得利益，因此他们死后多年人们仍不能忘记。

子曰："听讼①，吾犹人也②，必也使无讼乎！"无情者不得尽其辞③，大畏民志④，此谓知本。

【注释】

①听：审理。讼：诉讼。②犹人：和别人一样。③无情：隐瞒实情。④大：大德。畏：使……敬畏。民志：民心。

【译文】

孔子说："审判诉讼案件，我和别人是一样的。（所不同的是）我力求做到使诉讼案件根本不发生！"让隐瞒实情的人不敢尽说假话，用大的道义使民心畏服，这才叫懂得了根本的道理。

所谓修身在正其心者：身有所忿懥①，则不得其正；有所恐惧，则不得其正；有所好乐，则不得其正；有所忧患，则不得其正。心不在焉，视而不见，听而不闻，食而不知其味。

此谓修身在正其心。

【注释】

①身：身心。这里指心情志向。忿懥：愤怒。

【译文】

所谓修养自身品德在于端正自己的思想，说的是一个人心中怀有愤怒之情，思想就不能端正；怀有恐惧之情，思想也不能端正；怀有喜好之情，思想也不能端正；怀有忧患之情，思想也不能端正。如果心不在焉，那看见了就会像没看见，听到了也会如同没听到，吃东西也会不知道味道。

这就是修养自身品德在于端正自己思想的道理。

所谓齐其家在修其身者：人之其所亲爱而辟焉①，之其所贱恶而辟焉②，之其所畏敬而辟焉，之其所哀矜而辟焉③，之其所敖惰而辟焉④。故好而知其恶，恶而知其美者，天下鲜矣⑤。

故谚有之曰：『人莫知其子之恶，莫知其苗之硕。』

此谓身不修，不可以齐其家。

【注释】

①之：同“于”，对于。辟：通“僻”，偏僻。②贱恶：轻视厌恶。③哀矜：怜悯同情。④敖惰：傲视怠慢。敖，通“傲”。⑤鲜：少。

【译文】

所谓整治家族先要修养品性，说的是人们对于自己亲近喜爱的人往往产生偏爱，对自己鄙视厌恶的人往往产生偏见，对自己畏惧敬重的人往往产生偏向，对自己怜悯同情的人往往产生偏心，对自己傲视怠慢的人往往产生偏意。所以，能做到喜欢一个人又知道他的缺点，厌恶一个人又知道他的优点的人，世上是很少的啊！

因此有句谚语说：“人都看不到自己儿子的缺点，看不到自己禾苗的茂盛。”

这就是不修养自己的品性，就不能整治自己家族的道理。

所谓治国必先齐其家者：其家不可教，而能教人者，无之。故君子不出家而成教于国[①]。孝者[②]，所以事君也；弟者，所以事长也；慈者，所以使众也。

《康诰》曰：“如保赤子[③]。”心诚求之，虽不中，不远矣。未有学养子而后嫁者也。一家仁，一国兴仁；一家让[④]，一国兴让；一人贪戾，一国作乱。其机如此[⑤]。此谓一言偾事[⑥]，一人定国。

尧、舜帅天下以仁[⑦]，而民从之；桀、纣帅天下以暴[⑧]，而民从之。其所令反其所好[⑨]，而民不从。是故君子有诸己而后求诸人[⑩]，无诸己而后非诸人。所藏乎身不恕[⑪]，而能喻诸人者[⑫]，未之有也。

故治国在齐其家。

《诗》云⑬：『桃之夭夭⑭，其叶蓁蓁⑮。之子于归⑯，宜其家人⑰。』宜其家人，而后可以教国人。

《诗》云⑱：『宜兄宜弟。』宜兄宜弟，而后可以教国人。

《诗》云⑲：『其仪不忒⑳，正是四国㉑。』其为父子兄弟足法㉒，而后民法之也。

此谓治国在齐其家。

【注释】

①成教：实行教化成功。②孝：指子女孝敬父母。这里指臣民服侍君王。下面的『弟』『慈』和『孝』用法相似。③赤子：初生的婴儿。④让：礼让。⑤机：事物变化的缘由。⑥偾：败坏。⑦尧、舜：传说中父系氏族社会后期的部落联盟的两位领袖，世称圣君。帅：同『率』。率领，统帅。⑧桀、纣：桀，夏桀，夏代最后一位国君；纣，商代最后一位国君。二人荒淫残暴，世称暴君。⑨令：命令。⑩有诸己：自己能够做到的。诸，『之于』的谐音。⑪恕：恕道。不愿别人对自己做的，自己也不去对别人做，这样推己及人的品德即恕道。⑫喻：晓谕。这里指用恕道晓谕别人。⑬《诗》：指《诗·周南·桃夭》篇。⑭夭夭：茂盛的样子。⑮蓁蓁：形容叶子茂盛的样子。⑯之：这。子：指出嫁的女子。归：古时称女子出嫁为『归』，指有了归宿。⑰宜：友善，和睦。⑱《诗》：指《诗·小雅·蓼萧》篇。⑲《诗》：指《诗·曹风·鸤鸠》篇。⑳忒：差错。㉑正：匡正，治理。四国：四方的邦国。㉒足：可以，能够。法：效法。

【译文】

所谓治理国家必须先整治好自己的家族，说的是连自己的族人都不能教育好却能教化民众，是没有的事。所以，君子不出家门就能完成对国人的教化。子女对父母的孝，正是要用来侍奉君主的；弟弟对兄长的悌，正是要用来侍奉官长的；父母对子女的慈爱，也正是君主用来对待民众的。

《康诰》上说：『保护民众就像保护初生的婴儿一样。』只要诚心诚意去追求，即使不能完全达到，但已相差不远了。从来没听说有哪个女子是先学会了养育孩子然后才出嫁的。

国君一家实行仁爱，一国便会兴起仁爱的风气；国君一家谦让，一国便会谦让成风；国君一人凶暴贪戾，全国的人都会犯上作乱。事情变化的缘由就是如此。这就叫作一句话可以败坏大事，一个人可以安定国家。尧、舜用仁政治理天下，民众都随着他们讲仁爱；桀、纣用暴政统治天下，民众也都随着他们行暴乱。国君命令百姓做的，却和国君自己喜爱做的恰恰相反，那百姓就不会听从。所以，君子应先要求自己做到，然后再去要求别人做到；先要求自己不做，然后再去禁止别人做。自己本身存有不合恕道的行为，却能晓谕别人行恕道的事是从来没有的。

因此治理国家在于先能整治好自己的家族。

《诗·周南·桃夭》上说：『桃花盛开着，叶子茂密可爱。这个女子出嫁了，全家老小和睦愉快。』家人和睦，然后可以教导国人和睦。

《诗·小雅·蓼萧》上说：『兄弟之间和睦融洽。』兄弟和睦，然后可以教导国人和睦相处。

《诗·曹风·鸤鸠》上说：『他的举止无差错，才能匡正四方国家。』国君只有先使他的父子兄弟的行为足以让人效法，而后民众才会效法他。

这就是治理国家在于先整治好他的家族的道理。

所谓平天下在治其国者：上老老①，而民兴孝；上长长②，而民兴弟；上恤孤③，而民不倍④。是以君子有絜矩之道也⑤。所恶于上，毋以使下；所恶于下，毋以事上；所恶于前，毋以先后；所恶于后，毋以从前；所恶于右，毋以交于左；所恶于左，毋以交于右。此之谓絜矩之道。

《诗》云⑥：『乐只君子⑦，民之父母。』民之所好好之，民之所恶恶之，此之谓民之父母。

《诗》云⑧：『节彼南山⑨，维石岩岩⑩。赫赫师尹⑪，民具尔瞻⑫。』有国者不可以不慎；辟，则为天下僇矣⑬。

《诗》云⑭：『殷之未丧师⑮，克配上帝⑯。仪监于殷⑰，峻命不易⑱。』道得众则得国⑲，失众则失国。是故君子先慎乎德。有德此有人，有人此有土，有土此有财，有财此有用。德者本也，财者末也。外本内末⑳，争民施夺㉑。是故财聚则民散，财散则民聚。是故言悖而出者㉒，亦悖而入；货悖而入者，亦悖而出。

《康诰》曰：『惟命不于常㉓！』道善则得之，不善则失之矣。《楚书》曰㉔：『楚国无以为宝，惟善以为宝。』舅犯曰㉕：『亡人无以为宝㉖，仁亲以为宝。』

《秦誓》曰㉗：『若有一个臣，断断兮无他技㉘，其心休休焉㉙，其如有容焉㉚。人之有技，若己有之；伤之彦圣㉛，其心好之，不啻若自其口出㉜。实能容之，以能保我子孙黎民，尚以有利哉。人之有技，媢疾以恶之㉝；人之彦圣，而违之俾不通㉞。实不能容，以不能保我子孙黎民，亦曰殆哉㉟！』唯仁人放流之㊱，进诸四夷㊲，不与同中国㊳。此谓『唯仁人为能爱人，能恶人』。见贤而不能举㊴，举而不能先，命也；见不善而不能退，退而不能远，过也。好人之所恶，恶人之所好，是谓拂人之性㊵，菑必逮夫身㊶。是故君子有大道，必忠信以得之，骄泰以失之㊷。

生财有大道：生之者众，食之者寡，为之者疾㊸，用之者舒㊹，则财恒足矣。仁者以财发身㊺，不仁者以身发财。未有上好仁而下不好义者也，未有好义其事不终者也，未有府库财非其财者也。孟献子曰㊻：『畜马乘不察于鸡豚㊼，伐冰之家不畜牛羊㊽，百乘之家不畜聚敛之臣㊾。与其有聚敛之臣㊿，宁有盗臣[51]。』此谓国不以利为利，以义为利也。长国家而务财用者[52]，必自小人矣。彼为善之，小人之使为国家，菑害并至。虽有善者，亦无如之何矣。此谓国不以利为利，以义为利也。

【注释】

①老老：尊敬老人。前一『老』字用作动词，意为把老人当作老人看待；后一『老』字为名词，指老人。②长长：尊重长辈。前一『长』字为动词，意为把长者当作长者对待；后一『长』字为名词，指长辈、长者。③恤：体恤，周济。孤：幼年丧父者。④倍：通『背』，违背，背弃。⑤絜矩之道：絜，量度。矩，制作方形物件的工具。用自己合乎礼仪准则的言行去规范别人的言行，这叫作『絜矩之道』。⑥《诗》：指《诗·小雅·南山有台》篇。⑦乐：快乐。只：助词。⑧《诗》：指《诗·小雅·节南山》篇。⑨节：高大。⑩维：语助词，无义。岩岩：高峻的样子。⑪赫赫：威严的样子。师尹：周太师尹氏。⑫具：通『俱』，全，都。瞻：瞻仰。⑬僇：通『戮』，杀戮。⑭《诗》：指《诗·大雅·文王》篇。⑮师：众，指民众。⑯配：符合。⑰仪：通『宜』，应该。监：鉴戒，借鉴。⑱峻：大。⑲道：言、说的是。⑳外本内末：外，疏远。内，亲近。此指远离德而亲近财。㉑争民：与民争利。施夺：施行掠夺。㉒悖：悖逆，违背正理。㉓惟：唯独。命：天命。常：始终如一。㉔《楚书》：指《国语·楚语》。㉕舅犯：晋文公重耳的舅舅狐偃，字子犯。㉖亡人：流亡在外的人，指重耳。㉗《秦誓》：指《尚书·周书·秦誓》篇。㉘断断：诚实专一的样子。㉙休休：宽大、宽容的样子。㉚有容：能容忍人。㉛彦圣：英才聪敏之人。

㉜不啻：不只是。㉝娼疾：妒忌。㉞违：阻抑。㉟殆：危险。㊱放流：流放，放逐。之：指上面提到的不能容人的人。

㊲迸：通『屏』，屏退，驱逐。四夷：四方边远的部族。㊳中国：指全国中心地区。不同于现代意义的『中国』。

㊴举：推举，荐举。㊵拂：违背，违逆。㊶菑：古『灾』字。逮：及。㊷骄泰：骄傲奢侈。㊸疾：迅速。㊹舒：舒缓。

㊺发身：意为提高品德修养发，发达。。㊻孟献子：鲁国大夫仲孙蔑。㊼畜马乘：畜养一乘车马，指初做大夫官的人。

察：料理，关注。豚：小猪。㊽伐冰之家：指卿、大夫之家。因卿、大夫家丧祭时能用冰保存遗体。㊾百乘之家：

拥有一百辆车乘的家族，指有封地的卿大夫。㊿聚敛之臣：指搜刮钱财的家臣。51盗臣：指偷窃府库财货的家臣。

52长：君长。务：专心。

【译文】

所谓要使天下太平在于首先治理好国家，说的是在上位的人尊敬老人，民众便会兴起讲孝道之风；上位的人尊重长者，民众便会兴起讲悌道之风；上位的人体恤孤儿，民众便不会背离。所以君子有『絜矩之道』。厌恶我的上级这样对待我，我就不去这样对待我的下级；厌恶我的下属这样对待我，我就不去这样对待我的上级；厌恶我前面的人这样对待我，我就不去这样对待我后面的人；厌恶我后面的人这样对待我，我就不去这样对待我前面的人；厌恶我右面的人这样对待我，我就不去这样对待我左边的人；厌恶我左边的人这样对待我，我就不去这样对待我右边的人，这就叫作『絜矩之道』。

《诗·小雅·南山有台》上说：『快乐的君子啊，是老百姓的父母。』老百姓喜爱的他也喜爱，老百姓厌恶的他也厌恶，这样才能称为是老百姓的父母。

《诗·小雅·节南山》上说：『高大的南山，岩石真险峻。威严的周太师尹氏，老百姓都在注视着您。』身为国君的人不能不小心谨慎；如果言行出现偏颇，就会受到天下人的惩罚。

《诗·大雅·文王》上说：『殷朝没有丧失民众的时候，德行还能够符合上帝的要求。后人应该借鉴殷商灭亡的教训，守住天命很不容易。』这是说得到民众就会得国，失去民众就会失国。所以君子首先要认真谨慎地修养品德。有了美德就会得到民众，有了民众就会有土地，有了土地就会有财富，有了财富就能使用。道德是根本，财富是末节。远离根本而亲近末节，就会与民争利施行掠夺。因此聚敛财货就会民心离散，分散财货就会民心凝聚。所以，对民众说出无理的话，也会得到无理的回敬；用不正当的手段取得的财货，也会不正当地失去。

《康诰》上说：『只有天命是不会始终如一的。』说的是行善道就会得到天命，不行善道就会失去它。《国语·楚语》上说：『楚国没有什么可作为国宝的，只是把「善」当作国宝。』舅犯说：『流亡在外的人没有什么可当作宝贝的，只把仁爱亲族当作宝贝。』

《尚书·周书·秦誓》上说：『如果有这样一个大臣，他忠诚老实，虽没有什么才能，但心地宽和，能够容忍别人。别人有的才能，就像他自己也有一样；别人有的美德，他从内心喜欢，而不只是口头上说说而已。这种人如能重用，便可以保护我的子孙后代和黎民百姓，对国家也是有利的。如果别人有才能，他就嫉妒厌恶；别人有美德，就故意压抑使他不能上达，这种人是不能加以重用的，因为他不能保护我的子孙后代和黎民百姓，也可以说这种人是很危险的！』只有仁德的人才会把这些嫉贤妒能的人给以流放，驱逐到边远的蛮夷之地，不让他们和仁人同住在中国。这就叫只有仁人君子能够懂得爱什么人、恨什么人。遇到了贤人却不去推举，推举却又不愿让他位居自己之上，这便是怠慢；遇到恶人却不能将他罢退，罢退了又不将他疏远，这是一种错误。喜爱众人厌恶的，厌恶众人喜爱的，这便是违背人的天性，灾难就一定会降到他身上。因此，君子对于治理国家掌握有根本原则，那就是一定要用忠信去得到，放纵奢侈就会失去它。

生产财富有条基本道理：从事生产财富的人多而享用的人少，生产的速度快而使用的速度慢，那么财富便会经常充足了。有仁德的人运用财富来提高自身的品德修养，不讲仁德的人却用生命去积聚财富。没有在上位的人爱好仁而下面民众却不爱好义的，没有民众爱好义而事情不能成功的，也没有爱好义的民众不把国家财富当作自己的财富加以爱护的。孟献子说：『能畜养四匹马的士大夫家，就不要去计较那些养鸡喂猪的小利；能够丧祭用冰的大夫家，不要再去畜养牛羊；拥有百辆车乘的卿大夫家，不再收容搜刮财富的家臣。与其有这种搜刮财富的家臣，倒不如有偷盗府库钱财的家臣。』这就是说一个国家不应该以利为利，应该以义为利。身为国家的君王却一心致力于聚积财富，这一定是出自小人的主意。如果国君欣赏这些小人，使用他们去办国家大事，那灾难祸害会一起降临。到时候即使再有贤能的人出来挽救，也会无可奈何了。这就是国家不应该以利为利、应该以义为利的道理。

中庸

中庸

【原文】

天命之谓性，率性之谓道，修道之谓教①。道也者，不可须臾离②也。可离非道也③。是故君子戒慎乎其所不睹，恐惧乎其所不闻④。莫见乎隐，莫显乎微。故君子慎其独也⑤。喜怒哀乐之未发，谓之中；发而皆中节，谓之和。中也者，天下之大本也；和也者，天下之达道也⑥。致中和，天地位焉，万物育焉。⑦

【注释】

①命：犹令也。性：即理也。天以阴阳五行化生万物，气以成形，而理亦赋焉，犹命令也。于是人物之生，因各得其所赋之理，以为健顺五常之德，所谓性也。率：循也。道：犹路也。人物各循其性之自然，则其日用事物之间，莫不各有当行之路，是则所谓道也。修：品节之也。②离：阳平。③道：日用事物当行之理，皆性之德而具于心，无物不有，无时不然，所以不可须臾离也。若其可离，则为外物而非道矣。④是以君子之心常存敬畏，虽不见闻，亦不敢忽，所以存天理之本然，而不使离于须臾之顷也。⑤见：音现。隐：暗处也。微：细事也。独：人所不知而已的独知之地也。⑥乐：音洛。中：去声。喜、怒、哀、乐，情也。其未发，则性也，无所偏倚，故谓之中。发皆中节，情之正也，无所乖戾，故谓之和。大本者，天命之性，天下之理皆由此出，道之体也。达道者，循性之谓，天下古今之所共由，道之用也。此言性情之德，以明道不可离之意。⑦致：推而极之也。位：安其所也。育：遂其生也。

【译文】

上天所赋予人的旨意叫性，遵循性的行动叫道，依照道的原则进行修养叫教。道是人们片刻不可离开的，可以离开的就不是道了。正因为如此，君子在旁人看不到的时候，总是十分小心谨慎；在旁人听不见的时候，总是十分警惕清醒。没有比隐蔽的东西更易于表现出来的，没有比细微的东西更易于显露出来的。所以，当君子独处时，其言行更加谨慎。

喜、怒、哀、乐等感情没有表现出来叫做中；表现出来并且都符合于节度叫做和。中啊，是天下最大的根本所在；和啊，是天下最普遍通行的准则。达到了中和，天地就可各安其位，万物便能生长发育了。

【原文】

仲尼曰：『君子中庸，小人反中庸①。君子之中庸也，君子而时中；小人之反中庸也②，小人而无忌惮也。』

【注释】

①中庸：不偏不倚，无过不及，而平常之理，乃天命所当然，精微之极致也。唯君子为能体之，小人反是。

②王肃本作『小人之反中庸也』，程子亦以为然，今从之。

【译文】

孔子说：『君子的言行做到符合中庸的道德标准，小人的言行违背了中庸的道德标准。君子之所以能够达到中庸的标准，是因为君子的言行时时处处符合中庸之道；小人之所以违背中庸的标准，是因为小人所作所为肆无忌惮。』

【原文】

子曰："中庸，其至矣乎！民鲜①能②久矣。"

【注释】

①鲜：上声，下同。②《论语》无"能"字。

【译文】

孔子说："中庸可以说是最高的道德标准了，可很少有人能长久地实行它了。"

【原文】

子曰："道①之不行也，我知之矣：知②者过之，愚者不及也。道之不明也，我知之矣：贤者过之，不肖者不及也。人莫不饮食也，鲜能知味也。"

【注释】

①道：天理之当然，中而已矣。②知：去声，同"智"。

【译文】

孔子说："中庸之道不能实行的原因，我知道了：是因为聪明的人超过了中庸的规范，愚昧的人达不到中庸的规范。中庸之道不能盛行的原因，我知道了。贤明的人超过中庸的规范，卑贱的人达不到中庸的规范。人是没有不喝水、不吃饭的，但很少有人会品尝其中的滋味。"

【原文】

子曰：『道其不行矣夫！』①

【注释】

①由不明，故不行。夫：音扶。

【译文】

孔子说：『唉！中庸之道大概是不能实行了！』

【原文】

子曰：『舜其大知①也与！②舜好③问而好察迩言，隐恶而扬善。执其两端，用其中于民，其斯以为舜乎！』

【注释】

①知：去声。②与：阴平。③好：去声。

【译文】

孔子说：『舜难道不是最聪明的人吗？舜喜爱发问，又善于审察日常浅近的话。他隐藏了别人说的坏话，宣扬别人说的好话。掌握好、坏两个方面的极端，应用折中、恰当的道理去治理平民，因此才被称为「舜」啊！』

【原文】

子曰：『人皆曰「予知」①，驱而纳诸罟擭陷阱②之中，而莫之知辟③也；人皆曰「予知」，择乎中庸④，而不能期月⑤守也。』

【注释】

①知：去声。②罟：音古网也，擭：胡化反。机槛也。阱：今性反。陷阱，坑坎也。皆所以掩取禽兽者也。③辟：与『避』同。④择乎中庸，辨别众理，以求所谓中庸，即上章『好问』『用中』之事也。⑤期：居之反。期月：匝一月也。

【译文】

孔子说：『人们都说：「我是明智的。」但是在利欲的驱使下，他们却都像禽兽那样落入捕网、木笼和陷阱中，连躲避都不知道了；人们都说：「我是明智的。」但是选择了中庸之道，连一个月也不能坚持下去。』

【原文】

子曰：『回[1]之为人也，择乎中庸。得一善，则拳拳服膺，而弗失之矣。[2]』

【注释】

①回：孔子弟子颜渊名。②拳拳：奉持之貌。服：犹著也。膺：胸也。奉持而著之心胸之间，言能守也。

【译文】

孔子说：『颜回为人，选择了中庸之道。他得到了这一善道之后，就牢牢地记在心中，一刻也不忘掉。』

【原文】

子曰：『天下国家可均[1]也，爵禄可辞也，白刃可蹈也，中庸不可能也。』

【注释】

①均：平治也。

【译文】

孔子说：『天下国家可以治理好，官爵俸禄可以推辞掉，锋利的刀刃可以踩在脚下，但是中庸之道却是不容易做到的。』

【原文】

子路问强①。子曰：『南方之强与？北方之强与②？抑③而④强与？宽柔以教⑤，不报无道⑥，南方之强也，君子居之⑦；衽金革⑧，死而不厌，北方之强也，而强者居之⑨。故君子和而不流，强哉矫⑩！中立而不倚⑪，强哉矫！国有道，不变塞⑫焉，强哉矫！国无道，至死不变，强哉矫！』

【注释】

①子路：孔子弟子仲由也。子路好勇，故问强。②与：阴平。③抑：语辞。④而：汝也。⑤宽柔以教，谓含容宽顺，以诲人之不及也。⑥不报无道，谓横逆之来，直受之而不报也。⑦南方风气柔弱，故以含忍之力胜人为强，君子之道也。⑧衽：席也。金：戈兵之属。革：甲胄之属。⑨北方风气刚劲，故以果敢之力胜人为强，强者之事也。⑩矫：强貌。《诗》曰『矫矫虎臣』，是也。⑪倚：偏著也。⑫塞：未达也。

【译文】

子路问孔子：『怎样才算得上是强呢？』孔子回答说：『你问的是南方的强呢，还是北方的强呢？或者还是你认为的强呢？用宽容温和的方法去教化别人，对于蛮横无理的人也不加以报复，这是南方人的「强」，君子就属于这一类；经常枕着刀枪、穿着盔甲席地睡觉，上战场毫不惧怕，拼杀而死也不后悔，这是北方人的「强」，性格强悍勇武有力的人属于这一类。所以，君子善于在人际间协调，又决不随波逐流，那才算得是「刚强」！君子信守中庸，独立而不偏不倚，那才算得是「刚强」！国家政治清明，遇艰难不变志向，那才算得是「刚强」！国家混乱，社会动荡，君子到死不改变品德和信念，那才算得是「刚强」！』

【原文】

子曰：『素隐行怪①，后世有述焉，吾弗为之矣。君子遵道而行，半途而废，吾弗能已矣②。君子依乎中庸，循世不见知而不悔，唯圣者能之。③』

【注释】

①索隐行怪：言深求隐僻之理而过为诡异之行也。然以其足以欺世而盗名，故后世或有称述之者。此知之过而不择乎善，行之过而不用其中，不当强而强者也。圣人岂为之哉！素，按《汉书》当作『索』盖字之误也。②遵道而行，则能择乎善矣。半途而废，则力之不足也。此其知虽足以及之而行有不逮，当强而不强者也。已：止也。圣人于此非勉焉而不敢废，盖至诚无息，自有所不能止也。③不为索隐行怪，则依乎中庸而已。不能半涂而废，是以遁世不见知而不悔也。此中庸之成德，知之尽，仁之至，不赖勇而裕如者，正吾夫子之事，而犹不自居也。故曰『唯圣者能之』而已。

【译文】

孔子说：『有些人探求隐僻的道理，做怪异的事，也许后世对这些人有所记述称赞，但我不会这样做。君子应该遵循中庸的大道来行事，虽然有些人半途而废不能坚持到底，但我是永远不会停息的。君子按照中庸的大道来行事，即使终生不被了解也不会悔恨，这只有圣人能够做到。』

【原文】

君子之道费①而隐②。夫妇之愚，可以与③知焉；及其至也，虽圣人亦有所不知焉。夫妇之不肖，可以能行焉；及其至也，虽圣人亦有所不能焉。天地之大也，人犹有所憾。故君子语大，天下莫能载焉；语小，天下莫能破焉④。《诗》⑤云：『鸢飞戾天，鱼跃于渊。』言其上下察也⑥。君子之道，造端乎夫妇；及其至也，察乎天地。⑦

【注释】

①费：符未反。用之广也。②隐：体之微也。③与：上声。④君子之道，近自夫妇居室之间，远而至于圣人天地之所不能尽，其大无外，其小无内，可谓费矣。然其理之所以然，则隐而莫之见也。盖可知可能者，道中之一事，及其至而圣人不知不能。则举全体而言，圣人固有所不能尽也。⑤诗：指《大雅·旱麓》之篇。⑥鸢：余专反。鸱类。戾：至也。察：著也。子思引此诗以明化育流行，上下昭著，莫非此理之用，所谓费也。然其所以然者，则非见闻所及，所谓隐也。故程子曰：『此一节，子思吃紧为人处，活泼泼地，读者其致思焉。』⑦总结上文。

【译文】

君子的道广大而细微。普通男女虽然愚昧，也可以知道君子的道；至于道的最高处，即便是圣人也有了解不到的。普通男女虽然不贤明，也可以实行君子的道；至于道的最高处，即便是圣人也有实施不到的。天地是够广大的了，人还有不满足之处。所以君子说到『大』，天下不能载得起；说到『小』，天下也不能分析开。《诗经》上说：『鸢鸟飞向高空，鱼儿跳跃深水。』这是比喻君子的道在上下天地之间都是明显的。君子的道，开始于普通男女；推及到顶点而发扬光大，则在上下天地之间。

【原文】

子曰：『道不远人。人之为道而远人，不可以为道①。《诗》②云：「伐柯伐柯，其则不远。」执柯以伐柯，睨而视之，犹以为远③。故君子以人治人，改而止④。忠恕⑤违道不远⑥。施诸己而不愿，亦勿施于人⑦。君子之道四，丘未能一焉：所求乎子，以事父未能也⑧；所求乎臣，以事君未能也；所求乎弟，以事兄未能也；所求乎朋友，先施之未能也。庸德之行，庸言之谨，有所不足，不敢不勉，有余不敢尽；言顾行，行顾言，君子胡不慥慥尔！⑨』

【注释】

①道：率性而已，固众人之所能知能行者也，故常不远于人。若为道者厌其卑近以为不足为，而反务为高远难行之事，则非所以为道矣。②诗：指《豳风·伐柯》之篇。③柯：斧柄。则：法也。睨：研计反。邪视也。言人执柯伐木以为柯者，彼柯长短之法，在此柯耳。然犹有彼此之别，故伐者视之，犹以为远也。④若以人治人，则所以为人之道，各在当人之身，初无彼此之别。故君子之治人也，即以其人之道，还治其人之身，其人能改，即止不治。盖责之以其所能知能行，非欲其远人以为道也。⑤尽己之心为忠，推己及人为恕。⑥违：去也。如《春秋传》『齐师违谷七里』之『违』。言自此至彼，相去不远，非背而去之之谓也。道，即其不远人者是也。⑦施诸己而不愿，

亦勿施于人，忠恕之事也。以己之心，度人之心，未尝不同，则道之不远于人者可见。故己之所不欲，则勿以施之于人，亦不远人以为道之事。⑧子、臣、弟、友：四字绝句。求：犹责也。道不远人，凡己之所以责人者，皆道之所当然也，故反之以自责而自修焉。⑨庸：平常也。行者，践其实。谨者，择其可。德不足而勉，则行益力；言有余而讱，则谨益至。谨之至，则言顾行矣；行之力，则行顾言矣。慥慥：笃实貌。言君子之言行如此，岂不慥慥乎？赞美之也。凡此皆不远人以为道之事。

【译文】

孔子说：『三中庸之道并不排斥人。如果有人实行道却排斥了人，那就不可能是道了。《诗经》上说：「伐木作斧柄，伐木作斧柄，做柄的方法并不远。」拿着柄斧去砍伐作斧柄的木材，眯缝着眼儿注视着，还是相差很远。君子用人道治理人事，直到人们改正前非就中止。做到「忠」「恕」，距离中庸之道就不远了。不愿意别人施加给我的行为，也一定不用来加给别人。君子的道有四项，我孔丘连其中的一项也不能做到：我不能用要求儿子应做的事去侍奉父亲，我不能用要求臣下应做的事去侍奉君主，我不能用要求弟弟应做的事去侍奉兄长，我不能用要求朋友应做的事去首先与朋友交往。有德的事虽然平凡也要实行，言谈虽然一般也要谨慎。在这些方面，我都做得不够圆满，所以不敢不努力去弥补；即使做得圆满，也不敢将言谈的全意说尽。言谈时应看到行为如何，办事时应想到言谈如何，这样，君子怎么能不是忠厚老实的呢？』

【原文】

君子素①其位而行，不愿乎其外②。素富贵，行乎富贵；素贫贱，行乎贫贱；素夷狄，行乎夷狄；素患难③，行乎患难，君子无人而不自得焉④。在上位，不陵下；在下位，不援⑤上；正己而不求于人，则无怨：上不怨天，下不尤人⑥。故君子居易⑦以俟命⑧，小人行险以徼幸⑨。子曰：『射有似乎君子：失诸正鹄⑩，反求诸其身。』

【注释】

①素：犹见在也。②言君子但因见在所居之位，而为其所当为，无慕乎其外之心也。③难：去声。④此言素其位而行也。⑤援：阳平。⑥此言不愿乎其外也。⑦易：去声。平地也。居易：素位而行也。⑧俟命：不愿乎外也。⑨徼：求也。幸：谓所不当得而得者。⑩正：音征。鹄：工毒反。画布曰正，栖皮曰鹄，皆侯之中，射之的也。

【译文】

君子处在他自己的位置上做他应该做的事，不羡慕本位之外的事物。处于富贵就做富贵者应该做的事，处于贫贱就做贫贱者应该做的事，身在夷狄就做夷人狄人应该做的事，身在患难中就做患难者应该做的事，这样的话，君子就没有什么地方不能泰然处之。处在上位的人不欺压处在下位的人，处在下位的人也不巴结奉承处在上位的人；只是端正自身不苟求于他人，这样就不会有怨恨之心：上不抱怨天，下不责怪人。所以君子安分守己等待时机，小人则冒险企图获得侥幸。孔子说：『射箭的道理和君子行道有相似之处：箭没有射中靶心，应该反过来检查自己。』

【原文】

君子之道，辟①如行远，必自迩；辟如登高，必自卑。《诗》②曰：『妻子好③合，如鼓瑟琴④。兄弟既翕⑤，和乐⑥且耽⑦。宜尔室家，乐尔妻帑⑧。』子曰：『父母其顺矣乎？』

【注释】①辟：同譬。②诗：指《小雅·常棣》之篇。③好：上声。④鼓瑟琴：和也。⑤翕：亦合也。⑥乐：音洛。⑦耽：《诗》作「湛」，亦音耽。⑧帑：子孙也。

【译文】君子要遵循的道，就像走远路，一定要从近处出发；就像登高山，一定要从低处开始。《诗》说：「你和妻儿相亲相爱，就像弹奏琴瑟一样。你和兄弟相处和睦，和气安乐感情深厚。你建立美好的家庭，使家人快乐无忧。」孔子说：「能够这样，父母大概就称心如意了。」

【原文】子曰：「鬼神①之为德②，其盛矣乎！视之而弗见，听之而弗闻，体物而不可遗③。使天下之人齐明④盛服，以承祭祀，洋洋⑤乎如在其上，如在其左右⑥。《诗》⑦曰：『神之格⑧思⑨，不可度⑩思，矧⑪可射⑫思！』夫⑬微之显，诚之不可揜如此夫。⑭」

【注释】①程子曰：「鬼神，天地之功用，而造化之迹也。」②为德，犹言性情功效。③鬼神无形与声，然物之终始，莫非阴阳合散之所为，是其为物之体，而物所不能遗也。其言体物，犹《易》所谓「干事」。④齐：侧皆反。齐之为言齐也，所以齐不齐而致其齐也。明：犹洁也。⑤洋洋：流动充满之意。⑥能使人畏敬奉承，而发见昭著如此，乃其体物而不可遗之验也。孔子曰：「其气发扬于上为昭明，焄蒿凄怆，此百物之精也，神之著也。」正谓此尔。⑦诗：

指《大雅·抑》之篇。⑧格：来也。⑨思：语词。⑩度：音夺。⑪矧：况也。⑫射：音亦，《诗》作「斁」。厌也，言厌怠而不敬也。⑬夫：音扶。⑭诚者，真实无妄之谓。阴阳合散，无非实者。故其发见之不可揜如此。

【译文】

孔子说：『鬼神的德行，真是盛大无比啊！看它不见它的形状，听它听不到它的声音，它生养万物而无微不至、无处不在。让天下的人都斋戒沐浴，穿上华丽隆重的服装，以敬奉祭祀他们。浩浩荡荡啊！鬼神好像飘浮在人们的上空，又仿佛流动在人们的身旁。《诗》说：「鬼神的来临啊！不可度测，何况对他们懈怠不敬啊！」鬼神幽微而又昭显，真实而不可掩盖，确实是这样啊！』

【原文】

子曰：『舜其大孝也与[1]！德为圣人，尊为天子，富有四海之内。宗庙飨之，子孙[2]保之。故大德必得其位，必得其禄，必得其名，必得其寿[3]。故天之生物，必因其材[4]而笃[5]焉。故栽[6]者培[7]之，倾者覆[8]之。『《诗》曰：「嘉乐君子，宪宪令德。宜民宜人，受禄于天。保佑命之，自天申之。[9]」故大德者必受命[10]。』

【注释】

①与：平声。②子孙：谓虞思陈胡公之属。③舜年百有十岁。④材：质也。⑤笃：厚也。⑥栽：植也。⑦气至而滋息为培。⑧气反而游散则覆。⑨诗：指《大雅·假乐》之篇。假：当依此作嘉。宪：当依《诗》作「显」。申：重也。⑩受命：受天命为天子也。

【译文】

孔子说：『舜是多么孝顺啊！他德行高尚，是位圣人；他地位尊贵，是位天子；他资财显赫，拥有天下的财富；宗庙祭祀他，子孙保守着他的基业。所以有了圣人的德行，一定会得到与之相匹配的天子之位，一定会得到天下的财富，一定会得到百姓的称颂，也一定会长命百岁。所以上天孕育万物，一定会按它固有的本质来加厚它。所以，可以栽植的树木，就细心培养它；将要倾倒的树木，就趁势摧败它。《诗经·大雅·假乐》说：「快乐的君子啊，他的德行光明显耀。他能够和顺地对待周围的人，所以能够接受上天所赐予的富禄。上天会保佑他做天子，生生不息，代代相传。」所以上天一定会让道德高尚的人做天子的。』

【原文】

子曰：『无忧者，其惟文王乎！以王季为父，以武王为子；父作之，子述之①。武王缵②大王③、王季、文王之绪④，壹戎衣⑤而有天下，身不失天下之显名。尊为天子，富有四海之内。宗庙飨之，子孙保之⑥。武王末⑦受命，周公成文、武之德，追王⑧大王、王季，上祀先公以天子之礼⑨。斯礼也，达乎诸侯大夫，及士、庶人。父为大夫，子为士，葬以大夫，祭以士；父为士，子为大夫，葬以士，祭以大夫；期之丧达乎大夫；三年之丧达乎天子；父母之丧，无贵贱，一也。⑩』

【注释】

①此言文王之事。《书》言：『王季其勤王家』，盖其所作，亦积功累仁之事也。②缵：继也。③大：音泰，下同。此言武王之事。大王：王季之父也。④绪：业也。⑤壹戎衣：《武成》文，言一著戎衣以伐纣也。戎衣，甲胄之属。

⑥此言周公之事。⑦末：犹老也。⑧法：去声。追王：盖推文、武之意，以及乎王迹之所起也。⑨先公：组绀以上至后稷也。上祀先公以天子之礼，又推大王、王季之意，以及于无穷也。⑩此言周公之事。制为礼法，以及天下，使葬用死者之爵，祭用生者之禄。丧服自期以下，诸侯绝，大夫降，而父母之丧上下同之，推己以及人也。

【译文】

孔子说：『没有忧愁的人，恐怕只有周文王了！他的父亲王季贤明通达，他的儿子武王圣明光耀；父亲开创了基业，儿子能够继承发扬。武王继承太王、王季、文王的事业，消灭商朝，取得天下。他自己并不因为讨伐商纣而失去光明显耀的忠诚的名声。他贵为天子，拥有天下的财富。宗庙里祭祀他，子孙们继承他的事业。』到了晚年，武王接受天命成为天子，但是还没有完成文王未竟的事业。于是周公继承先辈的事业，发展文王、武王的美德，追封古公为太王、季公为王季，追溯到各位先辈，都用天子的礼节来祭祀他们。这种礼制，上至诸侯大夫，下至士人、庶人，都可以使用。父亲是大夫，儿子为士，那么用大夫的礼节来举行葬礼，用士的礼节进行祭祀；父亲是士，儿子是大夫，那么用士的礼节来举行葬礼，用大夫的礼节进行祭祀；一周年的守丧礼制，一直到大夫都可以使用；三年的守丧礼制，一直到天子都可以使用；给父母守丧，无论贵贱，都是一样的。

【原文】

子曰：『武王、周公，其达孝矣乎①！夫孝者，善继人之志，善述人之事者也②。春秋修其祖庙③，陈其宗器④，设其裳衣⑤，荐其时食⑥。宗庙之礼，所以序昭穆⑦也；序爵⑧，所以辨贵贱也；序事⑨，所以辨贤也；旅酬下为上，所以逮贱也⑩。燕毛，所以序齿也⑪。践⑫其⑬位，行其礼，奏其乐，敬其所尊，爱其所亲⑭，事死如事生，事亡⑮如事存，孝之至也⑯。郊社之礼，所以事上帝也⑰；宗庙之礼，所以祀乎其先也。明乎郊社之礼、禘尝之义⑱，治国其如示诸掌⑲乎！』

【注释】

①达：通也，承上章而言武王、周公之孝乃天下之人通谓之孝，犹孟子之言达尊也。②上章言武王缵大王、王季、文王之绪以有天下，而周公成文、武之德以追崇其先祖，此继志述事之大者也。下文又以其所制祭祀之礼，通于上下者言之。③祖庙：天子七，诸侯五，大夫三，適士二，官师一。④宗器：先世所藏之重器，若周之赤刀、大训、天球、河图之属也。⑤裳衣：先祖之遗衣服，祭则设之以授尸也。⑥时食：四时之食，各有其物，如春行羔、豚、膳、膏、香之类是也。⑦昭：如字。为：去声。宗庙之次，左为昭，右为穆，而子孙亦以为序。有事于太庙，则子姓兄弟群昭穆咸在，而不失其伦焉。⑧爵：公、侯、卿、大夫也。⑨事：宗祝有司之职事也。⑩旅：众也。酬：导饮也。旅酬之礼，宾弟子、兄弟之子各举觯于其长而众相酬。盖宗庙之中以有事为荣，故逮及贱者，使亦得以申其敬也。为：去声。⑪燕毛：祭毕而燕，则以毛发之色别长幼为座次也。齿：年数也。⑫践：犹履也。⑬其：指先王也。⑭所尊所亲，先王之祖考、子孙、臣庶也。⑮始死谓之死，既葬则曰反而亡焉，皆指先王也。⑯此结上文两节，皆继志述事之意也。⑰郊：祭天。社：祭地。不言后土者，省文也。⑱禘：天子宗庙之大祭，追祭太祖之所自出于太庙，而以太祖配之也。尝，秋祭也。四时皆祭，举其一耳。礼必有义，对举之，互文也。⑲示：与视同。视诸掌，言易见也。

【译文】

孔子说：『武王和周公可以说是通达孝道的人了。孝就是很好地继承先祖的遗志，很好地完成先祖的事业。春、秋时节，整理祖庙，陈列宗器，摆设先祖留下的衣裳，进献应时的食品。宗庙的祭礼要排列左昭右穆的次序；排列爵位的次序，是要区分贵贱；排列执事人的次序，是要区分各人的贤能；晚辈给长辈举杯劝酒，是为了把恩荣延及年幼的人；按年龄排列宴会的座次，是为了表明年龄长幼。站在应站的位置上，举行先王传下的祭礼，演奏先王时代的音乐，尊敬先王所尊敬的祖先，亲爱先王所亲爱的臣民。侍奉死者就像侍奉生者，侍奉已亡者如同侍奉现存者，这才是尽孝到极点了。举行郊社祭祀是为了侍奉上帝；宗庙的祭祀是为了祭祀祖先。明白了「郊社」、「禘尝」祭礼的意义，那么治理国家就像看手掌上的东西那样容易啊！

【原文】

哀公[1]问政，子曰：『文武之政，布在方策[2]。其人存，则其政举；其人亡，则其政息[3]。人道敏[4]政，地道敏树。夫[5]政也者，蒲卢也[6]。故为政在人，取人以身，修身以道，修道以仁[7]。仁者人也，亲亲为大。义者，宜也，尊贤为大。亲亲之杀，贤贤之等，礼所生也[8]。在下位不获乎上，民不可得而治矣[9]！故君子不可以不修身，思修身，不可以不事亲；思事亲，不可以不知人；思知人，不可以不知天[10]。』

【注释】

①哀公：鲁君，名蒋。②方：版也。策：简也。③息：犹灭也。有是君，有是臣，则有是政矣。④敏：速也。⑤夫：音扶。⑥蒲卢：沈括以为蒲苇是也。以人立政，犹以地种树，其成速矣；而蒲苇又易生之物，其成尤速也。言人存政举，其易如此。⑦此承上文人道敏政而言也。为政在人，《家语》作『为政在于得人』，语意尤备。人：谓贤臣。身：指君身。道：天下之达道。仁：天地生物之心而人得以生者，所谓元者善之长也。言人君为政在于得人，而取人之

则又在修身。能仁其身，则有君有臣，而政无不举矣。⑧杀：音晒。人：指人身而言。具此生理，自然便有恻怛慈爱之意，深体味之可见。宜：分别事理，各有所宜也。礼：则节文斯二者而已。⑨郑氏曰：『此句在下，误重在此。』⑩『为政在人，取人以身』，故不可以不修身。修身以道，修道以仁，故思修身不可以不事亲。欲尽亲亲之仁，必由尊贤之义，故又当知人。亲亲之杀，贤贤之等，皆天理也，故又当知天。

【译文】

鲁哀公向孔子请教政治。孔子回答说：『周文王和周武王的政治理论，在典籍中都有陈述。如果今天有像周文王和周武王那样的人存在，那么他们的政治理论便能实行；如果今天没有像周文王和周武王那样的人存在，那么他们的政治理论便不能得到实行。以人施政的道理在于使政治迅速昌明；以肥沃土地种植树木的道理在于使树木迅速生长。以人施政最容易取得成效，就像种植蒲苇那样容易生长。所以，国君处理政事的方法就在于获得贤才，而获得贤才的方法，就在于国君努力提高自身的品德修养；要提高自身的品德修养，就在于使自己的言行符合道德规范；要使自己的言行符合道德规范，就在于树立仁爱之心。所谓仁，就是人与人之间相互亲爱，而以爱自己的亲属最为主要。所谓义，就是说人们相处应该适宜得当，而以尊敬贤人最为主要。爱自己的亲属有等级，尊重贤人有级别，这些都是从礼仪中产生出来的。处在下位的人不能够得到上面的信任和支持，那么他就不可能管理好人民。所以，君子不能不努力提高自身的品德修养；想提高自身的品德修养，就不能不侍奉好自己的亲人；想侍奉好自己的亲人，就不能不知道尊贤爱人；想知道尊贤爱人，就不能不了解和掌握自然的法则。』

【原文】

天下之达道五，所以行之者三：曰君臣也，父子也，夫妇也，昆弟也，朋友之交也，五者，天下之达道也；知、仁、勇三者，天下之达德也，所以行之者一也①。或生而知之，或学而知之，或困而知之，及其知之，一也；或安而行之，或利而行之，或勉强而行之，及其成功，一也②。子曰③：『好学近乎知④，力行近乎仁，知耻近乎勇⑤』。知斯三者，则知所以修身；知所以修身，则知所以治人；知所以治人，则知所以治天下国家矣。⑥

【注释】

①达道：天下古今所共由之路，即《书》所谓五典，孟子所谓『父子有亲，君臣有义，夫妇有别，长幼有序，朋友有信』是也。知：所以知此也。仁：所以体此也。勇：所以强此也。②强：上声。『知之』者之所知，『行之』者之所行，谓达道也。以其分而言，则所以知者，知也；所以行者，仁也；所以至于知之成功而一者，勇也。以其等而言，则生知安行者，知也；学知利行者，仁也；困知勉行者，勇也。盖人性虽无不善，而气禀有不同者，故闻道有蚤莫，行道有难易，然能自强不息，则其至一也。③『子曰』二字，衍文。④好：『近乎知』之知，并去声。⑤此言未及乎达德，而求以入德之事。通上文三知为知，三行为仁，则此三近者，勇之次也。吕氏曰：『愚者自是而不求，自私者徇入欲而忘返，懦者甘为人下而不辞。故好学非知，然足以破愚；力行非仁，然足以忘私；知耻非勇，然足以起懦。⑥斯三者：指三近而言。人者：对己之称。天下国家，则尽乎人矣。言此以结上文修身之意，起下文九经之端也。

【译文】

天下普遍共行的大道有五种，而实行这些大道的美德有三种：包括君臣之道、父子之道、夫妇之道、兄弟之道、交友之道，这五种就是天下共行的大道；「智慧，仁爱，勇敢」这三种，就是天下共行的美德，而实行这些大道和美德的方法只能是诚实专一。

有的人生来就知道这些道理；有的人通过学习才知道这些道理；有的人是在遇到困难后去学习才知道这些道理。虽然人们掌握这些道理有先有后，但是到了真正知道这些道理，他们又都是一样的了。有的人心安理得去实行这些道理；有的人是看到了它的益处才去实行这些道理；有的人则是勉强去实行这些道理。虽然人们实行这些道理有差别，但是当他们获得了成功的时候，却又都是一样了。』

孔子说：『爱好学习的人接近智，努力行善的人接近仁，知道羞耻的人接近勇。』知道这三项的人，就知道怎样提高自身的品德修养；知道怎样提高自身的品德修养，就知道怎样治理别人；知道怎样治理别人，就知道怎样去治理天下国家了。

【原文】

凡为天下国家有九经[1]，曰：修身也，尊贤也，亲亲也，敬大臣也，体群臣也，子庶民也，来百工也，柔远人也，怀诸侯也[2]。修身则道立，尊贤则不惑，亲亲则诸父昆弟不怨，敬大臣则不眩，体群臣则士之报礼重，子庶民则百姓劝，来百工则财用足，柔远人则四方归之，怀诸侯则天下畏之[3]。齐[4]明盛服，非礼不动，所以修身也；去[5]谗远色，贱货而贵德，所以劝贤也；尊其位，重其禄，同其好恶，所以劝亲亲也；官盛任使，所以劝大臣也[6]；忠信重禄，所以劝士也⑦；时使薄敛⑧，所以劝百姓也；日省月试，既禀称事⑨，所以劝百工也；送往迎来⑩，嘉善而矜不能，所以柔远人也；继绝世，举废国，治乱持危，朝聘以时⑪，厚往而薄来⑫，所以怀诸侯也⑬。凡为天下国家有九经，所以行之者，一也⑭。

【注释】

①经：常也。②体：谓设以身处其地而察其心也。子：如父母之爱其子也。柔远人：所谓无忘宾旅者也。此列九经之目也。吕氏曰：『天下国家之本在身，故修身为九经之本。然必亲师取友，然后修身之道进，故尊贤次之，道之所进，莫先其家，故亲亲次之。由家以及朝廷，故敬大臣、体群臣次之。由朝廷以及其国，故子庶民、来百工次之。由其国以及天下，故柔远人、怀诸侯次之。此九经之序也。』视群臣犹吾四体，视百姓犹吾子，此视臣视民之别也。③此言九经之效也。道立，谓道成于己而可为民表，所谓『皇建其有极』是也。不惑，谓不疑于理。不眩，谓不迷于事。敬大臣则信任专，而小臣不得以间之，故临事而不眩也。来百工则通功易事，农末相资，故财用足。柔远人则天下之旅皆悦而愿出于其涂，故四方归，怀诸侯则德之所施者博而威之所制者广矣，故曰天下畏之。④齐：侧皆反。⑤去：上声。⑥官盛任使，谓官属众盛，足任使令也，盖大臣不当亲细事，故所以优之者如此。⑦忠信重禄，谓待之诚而养之厚，盖以身体之，而知其所赖乎上者如此也。⑧远、好、恶、敛：并去声。⑨既禀：考核也。称：去声。称事：如《周礼·槁人职》曰『考其弓弩，以上下其食』是也。⑩往则为之授节以送之，来则丰其委积以迎之。⑪朝：音潮，谓诸侯见于天子。聘：谓诸侯使大夫来献。《王制》：『比年一小聘，三年一大聘，五年一朝。』⑫厚往薄来，谓燕赐厚而纳贡薄。⑬此言九经之事也。⑭一者：诚也。一有不诚，则

是九者皆为虚文矣。此九经之实也。

【译文】

大凡治理天下国家有九条常规，那就是：努力提高自身的品德修养，尊重贤人，爱护自己的亲人，敬重大臣，体恤众臣，像爱自己的儿子那样去爱人民，招集各种工匠以资国用，优待远方的来客，安抚四方的诸侯。能够提高自己的品德修养，就能树立一个良好的道德典范；能够尊重贤人，就不会被事物的假象所迷惑；能够爱自己的亲人，就不会使叔伯、兄弟产生怨恨；能够尊敬大臣，在处理事情时就不会感到迷惑不定；能够体恤众臣，那些为士的人就会重重报答恩德；能够做到爱民如子，百姓们就会更加勤奋努力；能够招集各种工匠，就可以使国家财物充足；能够优待远方的来客，四方的人都会归顺；能够安抚各国诸侯，全天下的人都会自然敬畏。

必须内心虔诚外表端庄，不符合礼节的事绝不要去干，这才是提高自身品德修养的方法；摒弃那些谗佞小人的坏话，远离那些诱人的女色，轻视钱财货物，珍视道德品质，这才是劝勉贤人的最好方法；加升他们的爵位，重赐他们的俸禄，与他们的喜好厌恶相同，这才是劝勉人们去爱自己亲人的好方法；为大臣多设属官，足供使令，这才是奖励大臣的好方法；对待士要讲究「忠」「信」，并以厚禄供养他们，这才是劝勉士为国效力的好方法；役使百姓要适时，赋税征收要减轻，这才是劝勉百姓努力从事生产的好方法；天天省视工匠的工作情况，月月考查他们的技术本领，发给他们的粮米薪资要与他们的工效相称，这才是劝勉各种工匠努力工作的好方法；对于远方的客人，要盛情相迎，热情相送，对其中有善行的人要给予嘉奖，对其中能力薄弱的人要给予同情，这才是招徕远方来客的好方法；延续已经绝禄的世家，复兴已被废灭的国家，整顿已经混乱的秩序，扶救处于危难之中的国家，让诸侯各自选择适当的时节来朝聘，贡礼薄收，赏赐厚重，这才是安抚四方诸侯的好方法。大凡治理天下国家有九条常规，但是，实行这些常规的方法只有一条，即诚实专一。

【原文】

凡事豫则立，不豫则废。言前定则不跲，事前定则不困，行前定则不疚，道前定则不穷①。在下位不获乎上，民不可得而治矣。获乎上有道，不信乎朋友，不获乎上矣；信乎朋友有道，不顺乎亲，不信乎朋友矣；顺乎亲有道，反诸身不诚，不顺乎亲矣；诚身有道，不明乎善，不诚乎身矣②。诚者，天之道也。诚之者，人之道也。诚者不勉而中，不思而得，从容中道，圣人也。诚之者，择善而固执之者也。③

【注释】

①凡事：指达道达德九经之属。豫：素定也。跲：踬也。疚：病也。此承上文，言凡事皆欲先立乎诚，如下文所推是也。②此又以在下位者推言素定之意。反诸身不诚，谓反求诸身，而所存所发，未能真实而无妄也。不明乎善，谓未能察于人心天命之本然而真知至善之所在也。③此承上文『诚身』而言。诚者：真实无妄之谓，天理之本然也。诚之者：未能真实无妄，而欲其真实无妄之谓，人事之当然也。中：并去声。从：不勉而中，『安行』也。不思而得，『生知』也。择善：学知以下之事。固执：『利行』以下之事也。

【译文】

无论做什么事情，如能预先确立一种诚实态度，就一定能成功；不能这样，就不能成功。人们在讲话之前能规定自己必须诚实，讲起话来就会流畅而无窒碍；做事以前规定自己必须诚实，做事时就不会感到有什么困难；行动之前规定自己必须诚实，行动之后就不会产生内疚；实行道德之前规定自己必须诚实，实行时就不会有什么行不通的地方。

处在下位的人不能得到上面的信任和支持，那就不可能治理好人民。要想得到上面的信任和支持，有一定的规则，这就是在交朋友时要讲信用，如果连朋友都不信任自己，那么就不能得到上面的信任和支持；要使朋友信任自己，有一定的规则，这就是要孝顺父母，如果不能孝顺父母，那么就不能得到朋友的信任；要孝顺父母，有一定的规则，这就是要使自己内心诚实，不能使自己内心诚实，就不能孝顺父母；要使自己内心诚实，有一定的规则，这就是要显出自己善的本性来，如果不能使自己善的本性显出来，那么就不能使自己的内心诚实了。

诚，是上天赋予人们的规则；实行这个「诚」，那是人为的规则。天生诚实的人，不必勉强，他为人处事自然合理，不必苦苦思索，他言语行动就能得当，他的举止不偏不倚，符合中庸之道，这种人就是我们所说的「圣人」。要实行这个「诚」，就必须选择至善的规则，并且坚守不渝才行。

【原文】

博学之，审问之，慎思之，明辨之，笃行之①。有弗学，学之弗能弗措也；有弗问，问之弗知弗措也；有弗思，思之弗得弗措也；有弗辨，辨之弗明弗措也；有弗行，行之弗笃弗借也。人一能之，己百之；人十能之，己千之。②果能此道矣，虽愚必明，虽柔必强。③

【注释】

①此诚之之目也。学、问、思、辨，所以择善而为知，学而知也。笃行，所以固执而为仁，利而行也。程子曰：『五

者废其一，非学也。』②君子之学，不为则已，为则必要其成，故常百倍其功，此困而知，勉而行者也，勇之事也。

③明者择善之功，强者固执之效。

【译文】

要广泛地学习各种知识，详尽细密地探究事物的原理，对自己所学的东西要谨慎思考，辨清是非，当获得了真理之后就要坚决地去实践它。有的东西不学习也就罢了，学了，就一定要能掌握它，如果还不能掌握，那就不要停止学习；有的东西不问也就罢了，问就得问一个清楚，如果还没有弄清楚，那就不要罢休；有的问题不思考也就罢了，要思考就要有切身体会，如果不能获得什么体会，那就不要停止思考；有的事情不辨别也就罢了，要辨别就一定要把是非辨清，如果不能辨清，那就不要停止辨别；有的措施不实践也就罢了，要实践就一定要做到彻底，如果不彻底，那就不要停止实践。别人一遍能做好的，我做它一百遍也一定能做好；别人十遍能做好的，我做它一千遍也一定能做好。一个人如果能够按照这个规则去做，那么即使是愚蠢的人，也一定会变得聪明；即使是柔弱的人，也一定会变得刚强。

【原文】

自[①]诚明谓之性，自明诚谓之教。诚则明矣，明则诚矣。[②]

【注释】

①自：由也。②德无不实而明无不照者，圣人之德，所性而有者也，天道也。先明乎善，而后能实其善者，贤人之学，由教而入者也，人道也。诚则无不明矣，明则可以至于诚矣。

【译文】

由内心真诚达到明晓道理，这叫做天性；由明晓道理达到内心真诚，这叫做教化。内心真诚就会明晓道理，明晓道理就会内心真诚。

【原文】

唯天下至诚，为能尽其性；能尽其性，则能尽人之性；能尽人之性，则能尽物之性；能尽物之性，则可以赞天地之化育；可以赞天地之化育，则可以与天地参矣。①

【注释】

①天下至诚，谓圣人之德之实，天下莫能加也。尽其性者，德无不实，故无人欲之私，而天命之在我者，察之由之，巨细精粗，无毫发之不尽也。人物之性，亦我之性，但以所赋形气不同而有异耳，能尽之者，谓知之无不明，而处之无不当也。赞，犹助也。与天地参，谓与天地并立为三也。此自诚而明者之事也。

【译文】

只有天下最真诚的人，才能尽量发挥自己天赋的本性；能尽量发挥自己天赋的本性，才能尽量发挥其他人天赋的本性；能尽量发挥其他人天赋的本性，才能充分发挥万物天赋的本性；能充分发挥万物天赋的本性，就可以帮助天地化育万物，可以与天地匹配，并立而为三了。

【原文】

其次致曲①。曲能有诚，诚则形，形则著，著则明，明则动，动则变，变则化。唯天下至诚为能化。②

【注释】

①其次：通大贤以下凡诚有未至者而言也。致：推致也。曲：一偏也。②形：积中而发外，著则又加显矣，明则又有光辉发越之盛也。动者，诚能动物。变：物从而变。化则有不知其所以然者。盖人之性无不同，而气则有异，故惟圣人能举其性之全体而尽之，其次则必自其善端发见之偏而悉推致之，以各造其极也。曲无不致，则德无不实，而形、著、动、变、之功，自不能已，积而至于能化，则其至诚之妙，亦不异于圣人矣。

【译文】

那些次于圣人的贤人，把真诚推致细小事物上，在细小事物上能做到真诚，真诚就会显现出来，显现出来就会渐渐显著，渐渐显著就会彰明，彰明就会感动万物，感动万物就会变革人心，变革人心就能感化民众。只有天下最真诚的人才能感化民众。

【原文】

至诚之道，可以前知。国家将兴，必有祯祥①；国家将亡，必有妖孽②。见③乎蓍龟④，动乎四体⑤。祸福将至，善必先知之，不善必先知之，故至诚如神。⑥

【注释】

①祯祥：福之兆。②妖孽：祸之萌。③见：音现。④蓍：所以筮。龟：所以卜。⑤四体：谓动作威仪之间，如执玉高卑、其容俯仰之类。⑥凡此皆理之先见者也，然唯诚之至极而无一毫私伪留于心目之间者，乃能有以察其几焉。神：谓鬼神。

【译文】

有最真诚的德性，可以预知未来。国家即将兴盛，一定有吉祥的预兆；国家将要灭亡，一定有灾祸邪异。这些可以从占筮占卜的卦辞中发现，也可以从人们的动作威仪中察觉。祸福即将来临，是福必然能预先知道，是祸也必然能预先知道，因此最真诚的人如同神明一般。

【原文】

诚者，自成也；而道，自道也[①]。诚者，物之终始；不诚无物，是故君子诚之为贵[②]。诚者非自成已而已也。所以成物也。成己，仁也；成物，知[③]也。性之德也，合外内之道也，故时措之宜也。[④]

【注释】

①言诚者，物之所以自成；而道者，人之所当自行也。诚以心言，本也；道以理言，用也。『道也』之道，音导。

②天下之物，皆实理之所为，故必得是理，然后有是物。所得之理既尽，则是物亦尽而无有矣。故人之心一有不实，则虽有所为，亦如无有，而君子必以诚为贵也。盖人之心能无不实，乃为有以自成，而道之在我者，亦无不行矣。③知：去声。④诚虽所以成己，然既有以自成，则自然及物，而道亦行于彼矣。仁者，体之存；知者，用之发：是皆吾性之固有，而无内外之殊。既得于己，则见于事者，以时措之，而皆得其宜也。

【译文】

真诚是人的自我完善，而道是人自己引导自己。真诚，贯穿于一切事物的始终，没有真诚就没有万物，因此君子以真诚为贵。真诚，并非只是自我完善而已，还要用来成就万物。自我完善，是仁义的表现；成就万物，是智慧的体现。天赋的真诚品德，是结合了天地内外的道理，因此随时运用而无不适宜。

【原文】

故至诚无息①，不息则久②，久则征③，征则悠远，悠远则博厚，博厚则高明④。博厚所以载物也，高明所以覆物也，悠久所以成物也⑤。博厚配地，高明配天，悠久无疆⑥。如此者，不见而章⑦，不动而变⑧，无为而成⑨。天地之道，可一言而尽也。其为物不贰，则其生物不测⑩。天地之道博也，厚也，高也，明也，悠也，久也⑪。今夫天，斯昭昭之多，及其无穷也，日月星辰系焉，万物覆焉。今夫地，一撮土之多，及其广厚，载华岳而不重，振河海而不泄，万物载焉。今夫山，一卷石之多，及其广大，草木生之，禽兽居之，宝藏兴焉。今夫水，一勺之多，及其不测，鼋鼍、蛟龙、鱼鳖生焉，货财殖焉⑫。《诗》⑬云：『维天之命，於⑭穆⑮不已！』盖曰天之所以为天也。『於乎⑯不显⑰，文王之德之纯⑱！』盖曰文王之所以为文也，纯亦不已。⑲

【注释】

①既无虚假，自无间断。②久：常于中也。③征：验于外也。④此皆以其验于外者言之，郑氏所谓『至诚之德，著于四方』者是也。存诸中者既久，则验于外者益悠远而无穷矣。悠远：故其积也广博而深厚。博厚：故其发也高大而光明。⑤悠久：即悠远，兼内外而言之也。本以悠远致高厚，而高厚又悠久也。此言圣人与天地同体。⑥此言圣人与天地同体。⑦见：音现。犹示也。不见而章，以配地而言也。⑧不动而变，以配天而言也。⑨无为而成，以无疆而言也。⑩此以下，复以天地明至诚无息之功用，天地之道可一言而尽，不过曰诚而已。不贰，所以诚也。诚故不息，而生物之多，有莫知其所以然者。⑪言天地之道诚一不贰，故能各极其盛，而有下文生物之功。⑫夫：音扶。昭昭：

犹耿耿，小明也。此指其一处而言之。『及其无穷』，犹十二章『及其至也』之意，盖举全体而言也。振：收也。卷：阳平，通拳。华、藏：并去声。勺：市若反。此四条，皆以发明由其不贰不息，以致盛大而能生物之意。然天地山川，实非由积累而后大，读者不以辞害意可也。⑬诗：指《周颂·维天之命》篇。引此以明至诚无息之意。⑭於：音乌。叹辞。⑮穆：深远也。⑯乎：音呼。⑰不显：指犹言岂不显也。⑱纯：指纯一不杂也。⑲程子曰：『天道不已，文王纯于天道，亦不已。纯则无二无杂，不已则无间断先后。』

【译文】

所以至诚是不间断的，不间断就会长久延续，长久延续就有效验，有效验就会悠远无穷，悠远无穷就会广博深厚，广博深厚就会高超明智。广博深厚，就能承载万物；高超明智，就能覆盖万物；悠远无穷，就能使万物生长。广博深厚可以与地相配，高超明智可以与天相配，悠远无穷可以像天地那样永无止境。这样，不表现却很明显，没有活动却有变化，无所作为却自然成功。

天地的道，可以用一句话来概括：它自身诚而不贰，化育万物，不可测度。天地的法则是：广博、深厚、高超、精明、悠远、长久。

现在说天，它是一片光明，以至无穷无尽，上面悬系着日月星辰，覆盖着万物。现在说地，它是一撮撮泥土，以至广博深厚，承载着华山而不觉得沉重，汇聚河海而不泄漏，一切万物都被大地承载。现在说山，不过是一块块小石头，以至广阔高大，草木生长在上面，禽兽居住在上面，宝藏从山里开发出来。现在说水，不过是一勺勺水，以至深广莫测，里面生长着鼋、鼍、蛟、龙、鱼、鳖，各种财货也都从水中生出。

《诗经》上说："天道在运行，庄严肃穆，永不停息。"这大概是说天之所以成为天的道理。又说："啊，多么光明显赫，文王德行纯正。"这大概是说文王之所以成为文王，纯正的品德常行不止。

【原文】

大哉圣人之道①！洋洋乎发育万物，峻极于天②，优优大哉！礼仪三百，威仪三千③，待其人而后行④。故曰：苟不至德⑤，至道⑥不凝焉⑦。故君子尊德性而道问学，致广大而尽精微，极高明而道中庸，温故而知新，敦厚以崇礼⑧。是故居上不骄，为下不倍⑨，国有道，其言足以兴⑩；国无道，其默足以容。《诗》曰："既明且哲，以保其身。"其此之谓与！

【注释】

①包下文两节而言。②峻：高大也。此言道之极于至大而无外也。③优优：充足有余之意。礼仪：经礼也。威仪：曲礼也。此言道之入于至小而无间也。④总结上两节。⑤至德：谓其人。⑥至道：指上两节而言也。⑦凝：聚也，成也。⑧尊：恭敬奉持之意。德性：吾所受于天之正理。道：由也，温：犹温之"温"，谓故学之矣，复时习之也。敦：加厚也。尊德性，所以存心而极乎道体之大也。道问学，所以致知而尽乎道体之细也。⑨倍，与"背"同。⑩兴，谓兴起在位也。⑪诗：指《大雅·烝民》之篇。⑫与：阴平。

【译文】

伟大啊，这圣人的道！浩浩荡荡地生养万物，与天一样崇高；伟大而宽广仁和，礼仪有三百条，威仪有三千条，必须等到圣人出世才能实行。因此，如果没有极大的德，极高的道是不能成功的。所以君子尊崇德性，又注重学习、询问；达到广大的境地又详尽到精细处；达到高明的极点，又注重中庸的实行；既温习已经了解的道理，又认识新的道理；崇尚礼节要朴实忠厚。因此，身居上位时不要骄慢，身居下位时不要背叛；国家实行正道时，力求主张能够被采纳；国家没有正道时，沉默无言力求保全自己。《诗经》上说：『既明白道理又洞察是非，这样便能保全自己。』说的不就是这个意思吗？

【原文】

子曰：『愚而好①自用，贱而好自专，生乎今之世，反②古之道。如此者，裁③及其身者也。』④非天子⑤，不议礼⑥，不制度⑦，不考文⑧。今天下车同轨，书同文，行同伦⑨。虽有其位，苟无其德，不敢作礼乐焉⑩；虽有其德，苟无其位，亦不敢作礼乐焉。子曰：『吾说夏礼，杞⑪不足征⑫也；吾学殷礼，有宋⑬存焉；吾学周礼，今用之，吾从周。』⑭

【注释】

①好：去声。②反：复也。③裁：古灾字。④以上孔子之言，子思引之。⑤此以下子思之言。⑥礼：亲疏贵贱相接之体。⑦度：品制。⑧文：书名。⑨今：子思自谓当时也。轨：辙迹之度。行：去声。伦：次序之体。三者皆同，言天下一统也。⑩郑氏曰：『言作礼乐者，必圣人在天子之位。』⑪杞：夏之后。⑫征：证也。⑬宋：殷之后。⑭此又引孔子之言。三代之礼，孔子皆尝学之而能言其意，但夏礼既不可考证，殷礼虽存，又非当世之法，惟周礼乃时王之制，今日所用。孔子既不得位，则从周而已。

【译文】

孔子说：『愚蠢的人却又爱只凭主观意图行事；卑贱的人却又好独断专行；生活在当今时代，却偏要去恢复古代的制度。像这样的人，灾祸一定要降临在他的身上。』

不是天子，不敢议论礼制，不敢制定法度，不敢考核文字。现今天下统一，车辙的距离相同，书写的文字相同，实行的伦理道德也相同。虽然有天子的地位，但如果没有天子的德性，是不敢轻易制礼作乐的；虽然有天子的德性，但如果没有天子的地位，也不敢轻易去制礼作乐。

孔子说：『我解说夏代的礼法，但由于它的后代已经衰亡，现在只有一个杞国存在，所以不足以验证；我学习殷代的礼法，现只还有它的后代宋国保持着；我学习周代的礼法，现今正实行着它，因此，我遵从周朝的礼法。』

【原文】

王[1]天下有三重焉，其寡过矣乎[2]！上焉者，虽善无征[3]，无征不信，不信民弗从；下焉者，虽善不尊[4]，不尊不信，不信民弗从。故君子之道[5]：本诸身[6]，征诸庶民[7]，考诸三王而不缪，建[8]诸天地[9]而不悖，质诸鬼神[10]而无疑，百世以俟圣人而不惑[11]。质诸鬼神而无疑，知天也；百世以俟圣人而不惑，知人也[12]。是故君子动[13]而世为天下道[14]，行而世为天下法[15]，言而世为天下则[16]。远之则有望，近之则不厌。《诗》[17]曰：『在彼无恶[18]，在此无射[19]。庶几夙夜，以永终誉。』君子未有不如此[20]而蚤有誉于天下者也。

【注释】

①王：去声。②吕氏曰：『三重，谓议礼、制度、考文。惟天子得以行之，则国不异政，家不殊俗，而人得寡过矣。』③上焉者，谓时王以前，如夏、商之礼虽善，而皆不可考。④下焉者，谓圣人在下，如孔子虽善于礼而不在尊位也。⑤此君子，指王天下者而言。其道，即议礼、制度、考文之事也。⑥本诸身，有其德也。⑦征诸庶民，验其所信从也。⑧建：立也，立于此而参于彼也。⑨天地者，道也。⑩鬼神者，造化之迹也。⑪百世以俟圣人而不惑，所谓『圣人复起，不易吾言』者也。

⑫知天知人，知其理也。⑬动：兼言、行而言。⑭道：兼法则而言。⑮法：法度也。⑯则：准则也。⑰《诗》：指《周颂·振鹭》之篇。⑱恶：去声。⑲射：音妒，诗作『斁』。厌也。⑳所谓『此』者，指『本诸身』以下六事而言。

【译文】

统治天下有三项极为重大的事情要做，这就是『议礼、制度、考文』。如果都能做到，犯错的人就少了。在上位的人，虽然有德行，但是如果这德行得不到验证就不能使百姓相信，百姓不相信就不会顺从。在下位的人，虽然有德行，但是如果没有天子的地位就不能使自己尊贵，自己的地位不尊贵就不能使百姓相信，百姓不相信就不会顺从。所以，统治天下的君子要想做好『议礼、制度、考文』三项大事，必须在根本上从自身的修养品德做起，从百姓那里得到验证，考察夏禹、商汤、周文王三位圣人以求不犯过错，建立在天地自然的道理中以求没有悖离，询问鬼神而没有疑惑，等到许多代以后的圣人出现仍然没有疑惑。如果能够这样，那么君子就能做好三项大事了。询问鬼神而没有疑惑，这是知晓天理；等到许多代以后的圣人出现仍然没有疑惑，这是知晓人理。因此，君子的语言行为能够成为世世代代天下共行的道理，君子的行动能够成为世世代代天下共行的法规，君子的言谈能够成为世世代代天下共行的准则。远离他的人仰慕他的言行，靠近他的人学习他的言行，丝毫没有厌倦。《诗经·周颂·振鹭》说：『在自己的国里，没有人厌恶他；在周的封地，没有人厌恶他。早起晚睡勤于政事，就能长久地保持美好的声誉。』没有能够不这样做却能早早称誉于天下的君子。

【原文】

仲尼祖述尧、舜，宪章文、武；上律天时，下袭水土①。辟②如天地之无不持载，无不覆帱③；辟如四时之错④行，如日月之代明[5]。万物并育而不相害，道并行而不相悖[6]；小德川流，大德敦化。此天地之所以为大也。[7]

【注释】

①祖述者，远宗其道。宪章者，近守其法。律天时者，法其自然之运。袭水土者，因其一定之理。皆兼内外、该本末而言也。②辟：音譬。③帱：徒报反。④错：犹迭也。⑤此言圣人之德。⑥悖：犹背也。⑦天覆地载，万物并育于其间而不相害；四时日月，错行代明而不相悖。所以不害不悖者，小德之川流；所以并育并行者，大德之敦化。小德者，全体之分；大德者，万殊之本。川流者，如川之流，脉络分明而往不息也；敦化者，敦厚其化，根本盛大而出无穷也。此言天地之道，以见上文取辟之意也。

【译文】

孔子宗奉尧、舜的道德，效法文王、武王的礼制；上顺天时，下合地理。他的德就像天地那样，没有什么不能装载，没有什么不能覆盖；就好像是四季交替运行，就如同日月更迭照耀。万事万物共同养育于天地之间而不相互侵害，各行其道而互相不冲突；小德如河水川流不息，大德深厚化育万物。这就是天地之所以伟大的原因。

【原文】

唯天下至圣为能聪明睿知[1]，足以有临[2]也；宽裕温柔，足以有容也；发强刚毅，足以有执也；齐[3]庄中正，足以有敬也；文理密察[4]，足以有别[5]也。溥博渊泉，而时出之[6]。溥博如天，渊泉如渊。见而民莫不敬，言而民莫不信，行而民莫不说[7]。是以声名洋溢乎中国，施[8]及蛮貊。舟车所至[9]，人力所通；天之所覆，地之所载；日月所照，霜露所队[10]，凡有血气者，莫不尊亲，故曰配天[11]。

【注释】

①知：去声。聪明睿知，生知之质。②临：谓居上而临下也。其下四者，乃仁义礼知之德。③齐：侧皆反。④文：文章也。理：条理也。密：详细也。察：明辨也。⑤别：彼列反。⑥溥博：周遍而广阔也。渊泉：静深而有本也。出：发见也。言五者之德充积于中，而以时发见于外也。⑦见：音现。说：音悦。言其充积极其盛，而发见当其可也。⑧施：音义去声。⑨『舟车所至』以下，盖极言之。⑩队：音坠。⑪配天：言其德之所及，广大如天也。

【译文】

只有天下最伟大的圣人，才能够明智通达，足以统治天下；宽厚温柔，足以包容万物；坚强刚毅，足以决断一切；端庄公正，足以使人敬畏；思想周密，足以辨别是非。圣人的道德博大精深，时时都会表现出来。它像天那样广阔，像渊那样深远。他的表现，老百姓没有不敬佩的；他的言论，老百姓没有不信服的；他的行为，老百姓没有不喜欢的。因此，他名扬华夏大地，并蔓延到边远地区。凡车船所能到达的，人所能通行的，天所覆盖的，地所承载的，日月所照耀的，霜露所降落的地方，凡是有血气的人，没有不尊重他亲近他的。所以说他可以与天相媲美。

【原文】

唯天下至诚，为能经纶[1]天下之大经[2]，立天下之大本[3]，知天地之化育。夫焉[4]有所倚[5]？肫肫其仁，渊渊其渊，浩浩其天[6]。苟不固[7]聪明圣知[8]达天德者，其孰能知之？[9]

【注释】

①经、纶：皆治丝之事。经者，理其绪而分之；纶者，比其类而合之也。②经：常也。大经者，五品之人伦。

③大本者，所性之全体也。④夫：音扶。焉：於虔反。⑤惟圣人之德，极诚无妄，故于人伦各尽其当然之实，而皆可以为天下后世法，所谓经纶之也。其于所性之全体，无一毫人欲之伪以杂之，而天下之道，千变万化，皆由此出，所谓立之也。其于天地之化育，则亦其极诚无妄者，有默契焉，非但闻见之知而已。此皆至诚无妄，自然之功用，夫岂有所倚著于物而后能哉！⑥肫：之纯反。肫肫：恳至貌，以经纶而言也。渊渊：静深貌，以立本而言也。浩浩：广大貌，以知化而言也。其渊、其天，则非特如之而已。⑦固：犹实也。⑧知：去声。⑨郑氏曰：『唯圣人能知圣人也。』

【译文】

只有天下最为真诚的人，才能成为治理天下的崇高典范，才能树立天下的根本法则，掌握天地化育万物的深刻道理。这需要什么依靠呢？他的仁心那样诚挚，他的思虑像潭水那样幽深，他的美德像苍天那样广阔。如果不真是聪明智慧、通达天赋美德的人，还有谁能知道何为天下至诚呢？

【原文】

《诗》曰：『衣锦尚䌹[1]。』恶[2]其文之著也。故君子之道，闇[3]然而日章；小人之道，的然而日亡。君子之道淡而不厌，简而文，温而理，知远之近，知风之自，知微之显，可与人德矣[4]。

《诗》[5]云：『潜虽伏矣，亦孔之昭。』故君子内省不疚[6]，无恶于志[7]。君子之所不可及者，其唯人之所不见乎[8]！

《诗》[9]云：『相[10]在尔室，尚不愧于屋漏[11]。』故君子不动而敬，不言而信[12]。

《诗》[13]曰：『奏假无言，时靡有争[14]。』是故君子不赏而民劝，不怒而民威[15]于𫓧钺[16]。

《诗》[17]曰："不显[18]惟德，百辟其刑之。[19]"是故君子笃恭而天下平[20]。《诗》云："予怀明德，不大声以色。[21]"子曰："声色之于以化民，末也。"《诗》曰"德輶[22]如毛"，毛犹有伦；"上天之载，无声无臭"，至矣！[23]

【注释】

①衣：去声。絅：口迥反。诗：指《国风·卫·硕人》《郑》之《丰》皆作"衣锦褧衣"。褧，絅同，禅衣也。尚：加也。②恶：去声。③闇：音岸。④前章言圣人之德，极其盛矣。此复自下学立心之始言之，而下文又推之以至其极也。古之学者为己，故其立心如此。尚絅：故暗然。衣锦：故有日章之实。淡、简、温，絅之袭于外也，不厌而文且理焉，锦之美在中也。小人反是，则暴于外而无实以继之，是以的然而日亡也。远之近，见于彼者，由于此也。风之自，著乎外者，本乎内也。微之显，有诸内者，形诸外也。有为己之心而又知此三者，则知所谨而可入德矣，故下文引《诗》言谨独之事。⑤《诗》：指《小雅·正月》之篇。⑥疚：病也。⑦恶：去声。无恶于志，犹言无愧于心。⑧承上文言"莫见乎隐，莫显乎微"也。此君子谨独之事也。⑨《诗》：指《大雅·抑》之篇。⑩相：去声。视也。⑪屋漏：室西北隅也。⑫承上文，又言君子之戒谨恐惧无时不然，不待言动而后敬信，则其为己之功益加密矣。故下文引《诗》并言其效。⑬《诗》：指《商颂·烈祖》之篇。⑭奏：进也。承上文而遂及其效，言进而感格于神明之际，极其诚敬，无有言说，而人自化之也。⑮威：畏也。⑯鈇：铡刀也。钺：斧也。⑰诗：指《周颂·烈文》之篇。⑱不显：说见二十六章，此借引以为幽深玄远之意。⑲承上文言天子有不显之德，而诸侯法之，则其德愈深而效愈远矣。⑳笃，厚也。笃恭，言不显其敬也。笃恭而天下平，乃圣人至德渊微，自然之应，中庸之极功也。㉑《诗》：

指《大雅·皇矣》之篇。引之以明上文所谓不显之德者，正以其不大声与色也。㉒輶：由、酉二音。㉓又引孔子之言，以为声色乃化民之末务，今但言不大之而已，则犹有声色者存，是未足以形容不显之妙，不若《烝民》之诗所言『德輶如毛』则庶乎可以形容矣。而又自以为谓之毛，则犹有可比者，是亦未尽其妙，不若《文王》之诗所言『上天之载，无声无臭』，然后乃为不显之至耳。盖声臭有气无形，在物最为微妙，而犹曰无之，故唯此可以形容『不显』『笃恭』之妙。非此德之外，又别有是三等然后为至也。

【译文】

《诗经》中说：『穿上锦服罩布衣。』这样做是因为讨厌锦服的文采太鲜艳了。所以，君子为人的道理在于，外表黯然无色而内心美德才日渐彰明；小人为人的道理在于，外表色彩鲜艳，但是随着时间的推移便会日渐暗淡。君子为人的道理还在于，外表素淡而不使人厌恶，外表简朴而内含文采，外表温和而内有条理，知道远是从近开始，知道感化别人是从自己做起，知道微小隐蔽的地方会影响到显著的地方。能够掌握以上这些道理，就可进到圣人崇高的美德中去了。

《诗经》中说：『即使鱼潜深水底，仍然看得很明显。』所以君子经常在内心省察自己，就不会有过失和内疚，就不会有愧心。由此可知，人们之所以不能超过君子的原因，大概就是因为君子能在别人看不见的地方也严格要求自己。

《诗经》中说：『看你独自在室中，也应光明无愧心。』所以君子在没行动的时候就已怀着敬畏谨慎的心理，在没有言语的时候就已经诚信专一了。

《诗经》中说：『默默无声暗祈祷，今时不再有争斗。』所以君子不须赏赐而人民就会受到鼓励；不必发怒而人民畏惧他就会胜过刑戮的威严。

《诗经》中说：『充分显扬好德性，诸侯便会来效行。』所以君子笃实恭敬，就能使天下太平。

《诗经》中说：『文王美德我怀念，厉声厉色从不用。』孔子说：『用厉声厉色去感化人民，这是没有抓住根本啊！』

《诗经》中说：『美德微妙如羽毛。』羽毛虽然轻微细小，但还是有东西可以类比。《诗经》中说：『化育万物上天道，无声无味真微妙。』这才是达到了最高的境界啊！

论语

卷之一

学而第一①

子曰②：「学而时习之③，不亦说乎④？有朋自远方来，不亦乐乎？人不知而不愠⑤，不亦君子乎⑥？」

【注释】

①学而：篇名。《论语》共20篇，篇名均取每篇第一章第一句的开头两个字或三个字。②子：古代对男子的尊称。《论语》中「子曰」的「子」，都是指孔子。③时：在一定的时候或在适当的时候。习：实习或温习、演习。④说：同「悦」，高兴、愉快。⑤愠：怨恨。⑥君子：这里指有道德修养的人。

【译文】

孔子说：「人不但要学习，而且对于学过的知识还要按一定的时间去实习它，心里不也是很高兴吗？就连远方与自己志同道合的人也来请教，自己不是也很快乐吗？别人不了解自己的学问大小而不怨恨，这不也是有德行修养的君子吗？」

有子曰①：「其为人也孝弟②，而好犯上者③，鲜矣④；不好犯上，而好作乱⑤者，未之有也⑥。君子务本⑦，本立而道生⑧。孝弟也者，其为仁之本与⑨！」

【注释】

①有子：孔子的学生，姓有，名若。②孝弟：孝敬父母，友爱兄弟。「弟」同「悌」。③好：喜欢。④鲜：少。⑤作乱：违反正道的斗争。⑥未之有：「未有之」的倒装。⑦务：致力。本：根。⑧道：一定的人生观、世界观、政治主张或思想体系。这里指孔子提出的社会原则和社会理想，是孔子思想理论活动所追求的最高目标。⑨其：大概、

想必，表推测。仁：孔子思想的核心，是孔子所追求的最高人生精神境界，即仁爱、爱人。与：同『欤』，语气助词。

【译文】

有子说：『一个人如果能孝顺父母、敬爱兄长，却喜欢触犯上级，这是少有的；而不喜欢触犯上级，却喜欢造反叛乱的人，是从来就没有的。君子要专心致力于孝悌这项基础工作，孝悌这项基础工作做好了，那么治国做人的仁这个基本原则也就产生了。孝顺父母，尊敬兄长，大概就是行仁爱的基础吧！』

子曰：『巧言令色[①]，鲜矣仁！』

【注释】

①巧言：花言巧语。令色：好看的面孔。

【译文】

孔子说：『一个人如果满口花言巧语，满脸堆起讨好的笑容，那么他是很少有道德仁义的。』

曾子曰[①]：『吾日三省吾身[②]：为人谋而不忠乎[③]？与朋友交而不信乎[④]？传不习乎[⑤]？』

【注释】

①曾子：名参，字子舆，孔子的学生。②省：自我检查。③谋：谋划，考虑事情。忠：忠诚，尽心竭力。④信：诚实。⑤传：传授，指老师传授的知识。

【译文】

曾子说：『我每天多次自己检查自己：给别人办事有不尽心竭力的吗？和朋友交往有不守信用的吗？老师传授

的知识有不演习的吗？」

子曰：「道千乘之国①，敬事而信②，节用而爱人③，使民以时④。」

【注释】

①道：通「导」，治理。千乘之国：拥有一千辆兵车的国家。乘，古代四匹马拉着的兵车。②敬：态度严肃认真。③人：士大夫以上各阶层的人。与下句的「民」指老百姓相对。④以时：按照时令，指不违农时。

【译文】

孔子说：「治理一个拥有一千辆兵车的国家，要严肃认真地处理政事，要诚实守信，要节约费用，爱护官吏，役使老百姓要在农闲的时候（避免妨碍农业生产）。」

子曰：「弟子入则孝①，出则弟，谨而信②，泛爱众而亲仁③。行有余力，则以学文④。」

【注释】

①弟子：这里指年轻的人。②谨：按规矩做事。③泛：广。亲：接近。④文：指《诗》《书》《礼》《易》《春秋》《乐》等古代文献。

【译文】

孔子说：「年轻的晚辈回到家里就孝顺父母，外出交往便敬爱兄长，做事小心谨慎，说话诚实守信，广泛地和众人相友爱，特别亲近那些有仁德的人。在注重德行修养的同时，还有多余的精力，就要抽出时间学习文化知识。」

子夏曰[①]：『贤贤易色[②]，事父母能竭其力，事君能致其身[③]，与朋友交言而有信。虽曰未学，吾必谓之学矣。』

【注释】

①子夏：孔子的学生，姓卜，名商，字子夏。②贤贤：尊重贤人。易色：不重容貌。③致：委弃、献纳，这里指献出。

【译文】

子夏说：『对妻子，看重品德才能，而不注重容貌；侍奉父母，能够用尽自己的能力；给君主办事，不惜献出自己的生命；同朋友交往，诚实守信。这样的人即使没有学习过《诗》《书》《礼》《乐》等知识，但从实践上看，我一定说他们是学习过了的。』

子曰：『君子不重则不威[①]，学则不固；主忠信[②]，无友不如己者[③]，过则勿惮改[④]。』

【注释】

①重：庄重。威：威严。②主：主张，这里为坚守之意。③无：同『毋』，不要。如：似。指志向相似。④惮：怕。

【译文】

孔子说：『君子如果不庄重就没有威严，那么，即使读书学习，知识也不会巩固；要坚守忠诚、信实的伦理道德；所结交的朋友没有不和自己志同道合的；有了过错就不要害怕改正。』

曾子曰：『慎终追远[①]，民德归厚矣。』

【注释】

①终：指父母死亡。远：指祖先。

【译文】曾子说：『居于上位的人能够谨慎地办理父母的丧事，按时虔诚地祭祀先祖，这样就可以使人民的道德风俗变得忠厚淳朴了。』

子禽问于子贡曰[①]：『夫子至于是邦也[②]，必闻其政，求之与？抑与之与？』子贡曰：『夫子温、良、恭、俭、让以得之[③]。夫子之求之也，其诸异乎人之求之与[④]？』

【注释】①子禽：姓陈，名亢，字子禽。子贡：姓端木，名赐，字子贡，孔子的学生。②夫子：此指孔子。③温：温和。良：善良。恭：恭敬。俭：节俭。让：谦逊。④其诸：表示不肯定的语气词，意为『或者』『大概』。

【译文】子禽问子贡说：『孔子他老人家一到达这个国家，一定听得到这个国家的政治情况，是他自己求得别人告诉他的呢，还是别人主动告诉他的呢？』子贡说：『他老人家是靠自己的温和、善良、恭敬、俭朴、谦逊的美德（取得别人的信任），而使别人主动地把本国政治情况告诉他的。他老人家这种求得政事的方法，大概不同于别人获得的方法。』

子曰：『父在，观其志；父没[①]，观其行；三年无改于父之道[②]，可谓孝矣。』

【注释】①没，同『殁』，死的意思。②三年：约数，表示相当长的时间。道：好的道德品质。

【译文】

孔子说："当他的父亲活着的时候，要看他的远大志向；他父亲死了以后，就要看他的行为如何；如果在三年之内不改变父亲遗传下的优秀品德，就可以说他是孝子了。"

有子曰："礼之用，和为贵①。先王之道②，斯为美；小大由之③。有所不行，知和而和，不以礼节之，亦不可行也。"

【注释】

①和：中和、和谐，恰到好处之意。②先王：指尧、舜、禹、汤、周文王、周公旦等。③由：经过。

【译文】

有子说："对于礼的运用，以办事恰当和顺为最好。从前圣明的君王治国的方法，对这一条做得都非常好，无论大小事都按这一条去做（并且做得很恰当）。但是也有不能实行的时候，即是因为只知道和顺恰当可贵而片面追求和顺恰当，不用礼乐制度去节制约束它，所以也就不可能行得通了。"

有子曰："信近于义①，言可复也②。恭近于礼，远耻辱也。因不失其亲③，亦可宗也④。"

【注释】

①信：信约，约言。义：义理，是行为判断的价值标尺，有做事适宜的意思。②复：实践、履行。言：诺言。③因：依靠，凭借。④宗：主，可靠。

【译文】

有子说："信约若符合义理，那么这个约言就可以实现。如果举止庄重符合礼节，那么就可避免遭受侮辱。所依靠的都是关系亲密的人，也就可靠了。"

子曰："君子食无求饱，居无求安，敏于事而慎于言[①]，就有道而正焉[②]，可谓好学也已[③]。"

【注释】

①敏：奋勉。②就：走向，接近。正：匡正。③已：同"矣"。

【译文】

孔子说："君子饮食不要求饱足，居住不要求安逸，办事勤勉敏捷，说话却谨慎，到有道德的人那里去学习，改正自己的缺点，这样，就可以说是勤奋好学的人了。"

子贡曰："贫而无谄，富而无骄，何如[①]？"子曰："可也。未若贫而乐、富而好礼者也。"

子贡曰："《诗》云：'如切如磋，如琢如磨[②]。'其斯之谓与[③]？"子曰："赐也，始可与言《诗》已矣。告诸往而知来者[④]。"子曰："不患人之不己知，患不知人也。"

【注释】

①何如：怎么样。②如切如磋，如琢如磨：这是古代制作玉器、骨器的不同工艺，这里用以比喻人对于研究学问和锻炼品德的精益求精。切，用刀切断。磋，用锉锉平。琢，用刀雕刻。磨，用物磨光。③斯：这，指孔子说的"未若贫而乐、富而好礼者也"的话。④往：过去的事，这里指已知的事。来者：未来的事，这里指未知的事。

【译文】

子贡说：『贫穷却不去巴结逢迎人，富贵而不骄傲自大，这样的人怎么样？』孔子说：『可以。但还不如贫穷而仍然乐观、富贵却谦虚有礼节的人。』

子贡说：『《诗经》中说：「治骨器的切削了再锉平，治玉器的雕刻了再磨光。」大概讲的就是这个意思吧？』

孔子说：『赐呀！现在可以和你谈论《诗经》了。我告诉你一件事情，你就可以由此及彼，领悟到另一件事情。』

孔子说：『不要怨恨别人不了解自己，而应该忧虑的是自己不了解别人。』

为政第二

子曰：『为政以德①，譬如北辰②，居其所③而众星共之④。』

【注释】

①以：用。②北辰：北极星。③居其所：固定在一个位置不动。④。众星共之：比喻国君受到人民的拥戴。共：同『拱』，环抱，环绕

【译文】

孔子说：『用道德教化来治理国家，国君就会像北极星一样处于一定的方位，而人民像群星一样都环绕着它。』

子曰：『《诗》三百，一言以蔽之①，曰：「思无邪②」。』

【注释】

①一言：一句话。蔽：概括。②无邪：纯正，不邪恶。

【译文】

孔子说："《诗经》三百篇，可以用一句话来概括它，就是'思想纯正无邪'。"

子曰："道之以政[1]，齐之以刑[2]，民免而无耻[3]；道之以德，齐之以礼，有耻且格[4]。"

【注释】

①道：同"导"，引导。政：法制禁令。②齐：整齐、制约。③免：避免。无耻：没有耻辱之心。④格：归服。

【译文】

孔子说："用行政命令来诱导人民，使用刑罚来整治人民，人民只是暂时地克制自己避免犯罪，但是却没有因犯罪而知道耻辱的思想；用道德教化来诱导人民，使用礼乐制度来约束人民，人民就不但知道什么是光荣，什么是耻辱，而且人心都归服国君。"

子曰："吾十有五而志于学[1]，三十而立[2]，四十而不惑[3]，五十而知天命[4]，六十而耳顺[5]，七十而从心所欲[6]，不逾矩[7]。"

【注释】

①有：同"又"。②立：自立，这里指做事合礼，站得住脚。③惑：迷惑。④天命：上天的意志，是天决定人类命运的一种观点。⑤耳顺：对所到的东西即能辨别清楚，心领神会。⑥从心所欲：随心所欲。⑦逾：超过。矩：规矩、法度。

【译文】

孔子说：『我十五岁就立志做学问，三十岁说话做事符合礼仪，四十岁（懂得了人情世故，）能够不迷惑了，五十岁明白了上天赋予我的命运；六十岁一听到别人说话，便能了解其主旨，辨明是非；到了七十岁，就能随心所欲，想什么就做什么，还都不会超规越矩。』

孟懿子问孝[1]，子曰：『无违[2]。』

樊迟御[3]，子告之曰：『孟孙问孝于我[4]，我对曰：「无违。」』樊迟曰：『何谓也？』子曰：『生，事之以礼；死，葬之以礼，祭之以礼。』

【注释】

①孟懿子：鲁国大夫，姓仲孙，名何忌。懿是谥号。②无违：不违背礼。③樊迟：孔子的学生，名须，字子迟。御：为孔子赶车。④孟孙：即孟懿子，常越礼行事。

【译文】

孟懿子问孔子什么叫孝，孔子回答说：『不要违背礼节。』

有一次，樊迟给孔子赶车，孔子就告诉他说：『孟孙问我什么是孝，我回答他说是「不要违背礼节」。』樊迟请教孔子说：『这句话是什么意思呢？』孔子说：『父母活着的时候，按照规定的礼节去侍奉他们；父母死了，按照礼节来埋葬他们，按照礼的规定祭祀他们。』

孟武伯问孝[1]，子曰：『父母唯其疾之忧[2]。』

【注释】

①孟武伯：孟懿子的儿子，名彘。武是谥号。②其：代词，指父母。

【译文】

孟武伯向孔子请教什么是孝，孔子说：『作为儿女要特别为父母的疾病而操心。』

子游问孝[①]，子曰：『今之孝者，是谓能养[②]。至于犬马，皆能有养；不敬，何以别乎？』

【注释】

①子游：姓言，名偃，字子游。孔子的学生。②养：供奉饮食。

【译文】

子游问什么是孝，孔子回答说：『现在所说的孝子，就是能养活父母而已。而养活就连狗马也能做到的；如果内心对父母没有真诚的孝敬之情，那供养父母和饲养狗马还有什么区别呢？』

子夏问孝，子曰：『色难[①]。有事，弟子服其劳[②]；有酒食，先生馔[③]，曾是以为孝乎[④]？』

【注释】

①色难：儿子侍奉父母时面容愉悦，是内心真情的自然流露，不能有丝毫不耐烦的表现。色，脸色。②弟子：子女。③先生：长辈，这里指父母。馔：吃、喝。④曾：竟然。是：这。

【译文】

子夏问孔子什么是孝，孔子回答说：『儿子侍奉父母经常保持和颜悦色是很难的。有要做的事，儿女替父母效劳；

有酒和食物，让父母去吃喝，难道这样就算是孝了吗？』

子曰：『我与回言终日①，不违②，如愚。退而省其私③，亦足以发④，回也不愚。』

【注释】

①回：姓颜，名回，字子渊。孔子的学生。②不违：不违背孔子讲的话，不向孔子提出反对意见。③退而省其私：孔子离开颜回后思考颜回的行为。省，观察。④发：发挥。

【译文】

孔子说：『我给颜回整天讲学，他从来就没有提出不同的意见和疑难问题，表面看好像是个愚蠢笨拙的人。可是，当我私下观察他的所作所为时，发现他对我所讲授的知识却也能够充分的发挥，颜回也并不愚笨。』

子曰：『视其所以①，观其所由②，察其所安③。人焉廋哉④？人焉廋哉？』

【注释】

①所以：所做的事。以，为，做。②由：行，指经过的道路。③所安：对所做的事心安。安，心安，指心里乐于什么。④廋：藏匿。

【译文】

孔子说：『了解一个人，考察他的所作所为，了解他所走过的道路，观察他的兴趣爱好。那么，这个人怎么能隐藏得了自己的缺点呢？这个人怎么能隐藏得了自己的缺点呢？』

子曰：『温故而知新，可以为师矣！』

【译文】

孔子说：『温习已学过的旧知识时，则能有新的体会和收获，那么这样的人就可以做老师了。』

子曰：『君子不器①。』

【注释】

①器：器皿。这里比喻人的有限的才能。

【译文】

孔子说：『君子不能像器皿那样，只有一定的用途（而应该多才多艺）。』

子贡问君子，子曰：『先行其言而后从之。』

【译文】

子贡问孔子怎样才能做个君子，孔子说：『把想说的话先付诸实践，然后再说出来，这就可以说是君子了。』

子曰：『君子周而不比①，小人比而不周。』

【注释】

①周：合群、团结。比：勾结。

【译文】

孔子说：『君子是团结大多数，而不是少数人狼狈为奸；小人是少数人互相勾结，而不是团结大多数。』

子曰："学而不思则罔[1]，思而不学则殆[2]。"

【注释】

①罔：同"惘"，迷惑。②殆：危险。

【译文】

孔子说："只读书却不加思考，那就会迷惑受骗；只是思考而不去读书，那是很危险的。"

子曰："攻乎异端[1]，斯害也已。"

【注释】

①异端：不正确的议论。

【译文】

孔子说："批驳那些不正确的议论，祸害就可以自然停止了。"

子曰："由[1]！诲女知之乎[2]！知之为知之，不知为不知，是知也[3]。"

【注释】

①由：姓仲，名由，字子路。孔子的学生。②诲：教导，诱导。女：同"汝"，你。之：它，指孔子教给学生的学问。

③知：同"智"。

【译文】

孔子说："子路啊！我教给你对待知或不知的态度吧！知道就是知道，不知道就是不知道，这就是聪明智慧啊！』

子张学干禄①，子曰：『多闻阙疑②，慎言其余，则寡尤③；多见阙殆④，慎行其余，则寡悔。言寡尤，行寡悔⑤，禄在其中矣。』

【注释】

①子张：姓颛孙，名师，字子张。孔子的学生。干：求。禄：俸禄。②阙：同『缺』，保留的意思。③寡：少。尤：过错。④殆：疑惑。⑤行：所行的事。

【译文】

子张向孔子请教求官职得俸禄的方法，孔子说：『广泛听取多种意见，有怀疑的问题就暂时保留下来，对其余有把握的问题小心谨慎地说出自己的看法，这样就可以减少犯错误的机会；要博览各种事情，有疑惑不清的事情就暂时搁下，对其余有把握的事情，就小心谨慎地去做，那么，就可能减少后悔。说话少犯错误，做事很少后悔，那官职和俸禄就在这里面了。』

哀公问曰①：『何为则民服？』孔子对曰②：『举直错诸枉③，则民服；举枉错诸直，则民不服。』

【注释】

①哀公：姓姬，名蒋，鲁国国君。『哀』是谥号。②对曰：《论语》中凡臣对答君主的话，一定用『对曰』，以示尊敬。③举：选拔，举用。直：正直，此指正直的人。错：放置。诸：『之于』，在……之上。枉：不正直，不正派。这里指行为邪恶的人。

【译文】

鲁哀公问道："要做些什么事情才能让百姓服从呢？"孔子回答说："选用正直的人，把他们安置在邪恶之人的上面，老百姓就会服从；若选用邪恶的人，把他们安置在正直人之上，百姓就不服从。"

季康子问[1]："使民敬、忠以劝[2]，如之何？"子曰："临之以庄[3]，则敬；孝慈[4]，则忠；举善而教不能，则劝。"

【注释】

①季康子：姓季孙，名肥。鲁国的大夫，鲁哀公时政治上最有权力的人。"康"是谥号。②以：连词，相当于"而"或"和"。劝：鼓励。③临：对待。④慈：本指父母对子女的爱，引申为爱护幼小。

【译文】

季康子问："要让老百姓恭敬有礼、忠诚有信而又互相勉励，应该怎么办呢？"孔子说："你用庄重严肃的态度对待老百姓，他们就会尊敬有礼；你敬老爱幼，他们就会对你尽心竭力；你提拔德才兼备的人，教育能力小的人，他们就会互相勉励。"

或问孔子曰："子奚不为政？"子曰："《书》云[1]：'孝乎唯孝，友于兄弟，施于有政[2]。'是亦为政，奚其为为政？"

【注释】

①《书》：指《尚书》。这里引用的三句话是古《尚书》逸文，今文《尚书》无。②施：推广。有：助词，无意。政：家政。

【译文】

有人对孔子说："你为什么不出来做官参政呢？"孔子说："《尚书》上说：'孝嘛！就是孝顺父母，友爱兄弟，要把这种道德精神推广应用到政治上去。'这也就是参与政治，何必一定要做官才算参与政治呢？"

子曰："人而无信，不知其可也。大车无輗①，小车无軏②，其何以行之哉？"

【注释】

①輗：牛拉的车的车辕与横木相接的关键（活销）。②軏：马拉的小车车辕与横木相接的关键（活销）。驾车时必须使车辕与横木相接处的輗或軏关上，否则就套不住牲口，车也无法行走。

【译文】

孔子说："作为一个人却不讲信用，不知道他怎么可以立身处世。就好像大车子没有安横木的輗，小车子没有安横木的軏一样，怎么能行车呢？"

子张问："十世可知也①？"子曰："殷因于夏礼②，所损益，可知也；周因于殷礼，所损益，可知也。其或继周者，虽百世，可知也。"

【注释】

①十世：指今后十代的礼仪制度。世，朝代。②因：因袭，继承。

【译文】

子张问道："十代以后的礼仪制度怎样？你能够知道吗？"孔子说："商朝因袭夏朝的礼仪制度，它所废除和增加的，那是可以知道的；周代继承了商代的礼仪制度，它所废弃和增添的也是可以知道的。将来如果有某个朝代来继承周代的话，即使在一百代以后，它的礼仪制度也是可以依此类推而预先知道的。」

子曰：「非其鬼而祭之①，谄也②。见义不为，无勇也③。」

【注释】

①鬼：指已死的祖先，这里泛指鬼神。②谄：祭祀的目的是为了求福，为了求福而去祭不该祭的鬼神，即为谄媚。③勇：勇气，敢作敢为毫不畏惧的气魄。

【译文】

孔子说：「不是自己应该祭礼的鬼神，却去祭祀它，这是一种谄媚的行为。看到从礼仪上自己应该挺身而做的事情，却袖手旁观，这是没有勇气的表现。」

卷之七

子路第十三

子路问政，子曰：「先之①，劳之。」请益②，曰：「无倦③。」

【注释】

①先之：先于老百姓，指带头。②益：增加。③倦：厌倦，懈怠。

【译文】

子路问孔子怎样治理好政事，孔子说：「要自己率先垂范，还要不辞劳苦。」子路请他再多讲一些，孔子说：「处理政事要坚持不懈。』

仲弓为季氏宰，问政。子曰：『先有司①，赦小过，举贤才。』曰：『焉知贤才而举之？』子曰：『举而所知。尔所不知，人其舍诸？』

【注释】

①先有司：给工作人员带头。有司，指负责具体事务的官吏。

【译文】

仲弓做了季氏家的总管，向孔子请教如何治理政事。孔子说：『在有关职能部门的工作人员中起模范带头作用，原谅犯了小错误的工作人员，选用贤良的人。』仲弓说：『怎样去识别优秀的人才并选用他们呢？』孔子说：『选用你所了解的人。你所不了解的人，别人难道会舍弃他吗？』

子路曰：『卫君待子而为政①，子将奚先？』子曰：『必也，正名乎②！』子路曰：『有是哉，子之迂也！奚其正？』子曰：『野哉，由也！君子于其所不知，盖阙如也③。名不正则言不顺，言不顺则事不成，事不成则礼乐不兴，礼乐不兴则刑罚不中④，刑罚不中则民无所措手足。故君子名之必可言也，言之必可行也。君子于其言，无所苟而已矣⑤。』

【注释】

①卫君：指卫出公蒯辄，卫灵公的孙子。卫灵公死，他继位，其父蒯聩与其争夺王位，使名分大乱，故孔子提出来要先正名。②正名：指纠正被破坏、颠倒或弃置不用的等级名分。名，等级名分。③阙：同『缺』，存疑的意思。④中：得当。⑤苟：随便，马虎。

【译文】

子路说：『卫出公等着您去治理国家政事，您打算先干什么？』孔子说：『那一定是先纠正等级名分上的混乱了。』子路说：『您糊涂到这种地步啊！为什么要正名呢？』孔子说：『您真是不懂礼貌呀，仲由！君子对他所不理解的事情，大都采取存疑的态度。大义名分不正，说话就不顺理成章；说话不能顺理，就没人听，事情也就办不成；事情办不成，礼乐就不能兴隆；礼乐不兴隆，刑罚就不能得当；刑罚不得当，老百姓就手足无措。所以，君子只有确定一个名分，说话才一定会顺理，说话一定顺理才切实可行。君子对自己所说的话，从来都是认真负责的呀！』

樊迟请学稼①，子曰：『吾不如老农。』请学为圃②，曰：『吾不如老圃。』樊迟出，子曰：『小人哉，樊须也！上好礼，则民莫敢不敬；上好义，则民莫敢不服；上好信，则民莫敢不用情③。夫如是，则四方之民襁负其子而至矣④，焉用稼？』

【注释】

①稼：种庄稼。②圃：种蔬菜、花草的园地。③用情：表现出真情实意。④襁：背小孩的背带。

【译文】

樊迟向孔子请教怎样学习种庄稼，孔子说：『我不如老农。』樊迟又请教怎样学种菜，孔子说：『我不如老菜农。』樊迟出去以后，孔子说：『樊须真是一个小人啊！统治者讲究礼仪，老百姓没有敢不恭敬的；统治者讲究仁义，老百姓就没有敢不服从的；统治者喜欢信用，老百姓就没有敢不诚实守信的。如果能够这样做的话，那么，四面八方的老百姓就会背着自己的小孩前来投奔，哪里用得着自己去种庄稼？』

子曰：『诵《诗》三百，授之以政，不达[1]；使于四方，不能专对[2]。虽多，亦奚以为[3]？』

【注释】

①不达：指办不好事情。达，通达。②专对：独立对答。③以：用。

【译文】

孔子说：『能够把《诗经》三百篇背诵下来，让他管理政事，却办不好事情；让他去出使外国，却不能独立应对。这样，背诵的知识即使很多，又有什么用处呢？』

子曰：『其身正，不令而行；其身不正，虽令不从。』

【译文】

孔子说：『统治者的行为正派，就是不向老百姓发布号令，他们就自然会去坚决执行；统治者的行为如果不正派，那么，即使发布命令，老百姓也不会听从。』

子曰：『鲁、卫之政，兄弟也[1]。』

【注释】

①鲁国是周公旦的封地，卫国是康叔的封地，周公旦与康叔是兄弟。而鲁、卫二国相处和睦，好像兄弟。

【译文】

孔子说：『鲁国和卫国的政事，就像兄弟之间的事情一样。』

子谓卫公子荆①："善居室②。始有，曰：'苟合矣③。'少有，曰：'苟完矣。'富有，曰：'苟美矣。'"

【注释】

①公子荆：字南楚，卫献公的儿子，卫国大夫。②善居室：善于居家理财，指不奢侈浪费，不贪得无厌。③苟：差不多。合：足。

【译文】

孔子评论卫国的公子荆说："他善于管家理财。当他开始有一点财产的时候，他就说：'差不多够了。'再稍增加一点财产的时候，他就说：'差不多完备了。'当他达到富有的时候，他就说：'差不多十全十美了。'"

子适卫①，冉有仆②。子曰："庶矣哉③！"冉有曰："既庶矣，又何加焉？"曰："富之。"曰："既富矣，又何加焉？"曰："教之。"

【注释】

①适：到。②仆：驾驭车马，赶车。③庶：人口众多。

【译文】

孔子到卫国去，冉有给他赶车。孔子说："卫国人口真众多呀！"冉有说："人口已经这么多了，还应该增加些什么呢？"孔子说："应该使他们富裕起来。"冉有说："已经富裕起来了，还应该增加些什么？"孔子说："教化他们。"

子曰："苟有用我者，期月而已可也①，三年有成。"

【注释】

①期月：一周年。

【译文】

孔子说："如果有人用我治理国家，有一年的时间也就可以初见成效了，三年时间就可以大见成效了。"

子曰："'善人为邦百年①，亦可以胜残去杀矣②。'诚哉是言也！"

【注释】

①为邦：治国。②胜残：以德教化残暴的人，使其不再作恶。去杀：免除杀戮。

【译文】

孔子说："'善人治理国家一百年，也就可以教化人民，战胜残暴，免除杀戮了。'这话说得真对呀！"

子曰："如有王者①，必世②而后仁。"

【注释】

①王者：帝王，这里指圣明君主。②世：古代以三十年为一世。

【译文】

孔子说："如果有圣明的君主出来，也一定要经过三十年的治理才能实行仁政。"

子曰："苟正其身矣，于从政乎何有？不能正其身，如正人何？"

【译文】

孔子说：『如果统治者能够使自己端正，对管理政事还有什么困难吗？如果不能使自己端正，那又怎么能让别人端正呢？』

冉子退朝[①]，子曰：『何晏也[②]？』对曰：『有政。』子曰：『其事也。如有政，虽不吾以[③]，吾其与闻之。』

【注释】

①冉子：冉有。朝：季氏的办公处。②晏：迟，晚。③吾以：即以吾的倒装。以，用。

【译文】

冉有下班回来，孔子说：『怎么回来得这么晚呀！』冉有回答说：『有政务。』孔子说：『那是家中的事务罢了！如果有国政大事的话，即使不用我，我还是可以参与的。』

定公问：『一言可以兴邦，有诸？』孔子对曰：『言不可以若是其几也[①]。人之言曰：「为君难，为臣不易。」如知为君之难也，不几乎一言而兴邦乎？』曰：『一言而丧邦，有诸？』孔子对曰：『言不可以若是其几也。人之言曰：「予无乐乎为君，唯其言而莫予违也。」如其善而莫之违也，不亦善乎？如不善而莫之违也，不几乎一言而丧邦乎？』

【注释】

①几：期望，或接近。

【译文】

鲁定公问道：『一句话可以使国家兴旺起来，有这样的事吗？』孔子说：『话不能说得这么绝对。人们有这样一句话说：「当君主很难，做臣子也不容易。」如果知道做君主艰难（而兢兢业业去干事），这不是接近于一句话就可以使国家兴旺了吗？』鲁定公又问：『一句话可以使国家丧亡，有这样的事吗？』孔子回答说：『话不能说得这么绝对。人们有这样一句话：「我做君主没有什么可高兴的，唯一值得高兴的是我说话没有人敢违抗。」如果说的话正确而没有人敢违抗，不也很好吗？如果说的话不正确而没有人敢违抗，这不是接近于一句话可以使国家丧亡吗？』

叶公问政①。子曰：『近者说，远者来。』

【注释】

①叶公：姓沈，名诸梁，楚国的大夫。

【译文】

叶公向孔子请教怎样管理政事，孔子说：『使国内的人很高兴，使国外的人都来投奔（就算是政事管理好了）。』

子夏为莒父宰①，问政。子曰：『无欲速，无见小利。欲速则不达，见小利则大事不成。』

【注释】

①莒父：鲁国的一个城邑，在今山东莒县境内。宰：县长。

【译文】

子夏做了莒父的县长，向孔子请教怎样治理政事。孔子说：『不要希望太快，不要贪图小利。求快会适得其反而达不到目的，贪图小利就办不成大事。」

叶公语孔子曰：「吾党有直躬者[1]，其父攘羊[2]，而子证之[3]。」孔子曰：「吾党之直者异于是：父为子隐，子为父隐。直在其中矣[4]。」

【注释】

①党：指家乡。直躬者：正直的人。②攘：盗窃。③证：告发，检举。④直在其中：孔子主张父慈、子孝，所以父子相隐「直在其中」。

【译文】

叶公对孔子说：「我们家乡有一个正直的人，他的父亲偷了别人的羊，他便告发他父亲。」孔子说：「我们的家乡也有一个正直的人和你说的那人不同：父亲替儿子隐瞒，儿子替父亲隐瞒。这样，正直也就表现在这里面。」

樊迟问仁，子曰：「居处恭，执事敬，与人忠。虽之夷狄，不可弃也。」

【译文】

樊迟请问什么是仁。孔子说：「平时容貌态度端正庄严，工作严肃认真，与别人交往忠心诚实。（这三种品德）即使到了落后的少数民族地区，也是不可废弃的。」

子贡问曰：「何如斯可谓之士矣？」子曰：「行己有耻，使于四方，不辱君命，可谓士矣！」曰：「敢问其次？」曰：「宗族称孝焉，乡党称弟焉[1]。」曰：「敢问其次？」曰：「言必信，行必果，硁硁然小人哉[2]！抑亦可以为次矣。」曰：「今之从政者何如？」子曰：「噫！斗筲之人[3]，何足算也？」

【注释】

①乡党：这里泛指乡里。②硁硁：浅薄固执。③斗筲之人：比喻器量狭小的人。斗筲，指容量小的竹器。

【译文】

子贡问：『怎样才可以叫作士呢？』孔子说：『能用羞耻之心约束自己的行为，出使外国不辜负君主的委托，这就可以称为士了。』子贡说：『请问次一等的怎样呢？』孔子说：『在宗族中人们称赞他孝顺父母，乡里称赞他尊敬兄长。』子贡又说：『请问再次一等的怎样？』孔子说：『说话一定诚实守信，办事一定卓有成效。这虽然是固执己见、见识浅陋的小人，但也可以算作再次一等的士了。』子贡又问：『现在从政的人又是怎样呢？』孔子说：『咳！这些器量狭小的人，怎么能够算数呢？』

子曰：『不得中行而与之[1]，必也狂狷乎[2]！狂者进取，狷者有所不为也。』

【注释】

①中行：言行符合中庸之道。与：交往。②狂：狂妄。指志向高大而未能够实行。狷：狷介。指洁身自好，不肯同流合污。这里是拘谨。

【译文】

孔子说：『我找不到行为合乎中庸的人而和他们交往，那就一定只能与激进和拘谨的人交往了。激进的人志向高大则未能实行，拘谨的人墨守成规则无所作为。』

子曰：『南人有言曰：「人而无恒，不可以作巫医[1]。」善夫！』『不恒其德，或承之羞[2]。』子曰：『不占而已矣[3]。』

【注释】

①巫医：利用占卜给人治病的人。②不恒其德，或承之羞：这是《周易·恒卦》中的爻辞。意思是人如果不能保持自己的操守，便会招致羞辱。③占：占卦。

【译文】

孔子说：『南方人有句话说：「人如果没有恒心，那就连巫医也做不成。」这话说得多好啊！』《易经》上也说：『一个人如果不能保持自己的操守，就会招致羞辱。』孔子又说：『《易经》这句话是叫无恒心的人不要去占卦罢了！』

子曰：『君子和而不同①，小人同而不和②。』

【注释】

①和：调和，和谐。②同：盲目附和。

【译文】

孔子说：『君子讲坚持原则的协调而不是盲目附和，小人盲目附和而不讲求坚持原则的协调。』

子贡问曰：『乡人皆好之，何如？』子曰：『未可也。』『乡人皆恶之，何如？』子曰：『未可也。不如乡人之善者好之，其不善者恶之。』

【译文】

子贡请教孔子说：『全乡人都喜欢的人，这人怎么样？』孔子说：『这还不能断定。』子贡又问：『全乡人都讨厌的人怎么样？』孔子说：『尚不能断定。最好的人是全乡的好人喜欢他，全乡的坏人讨厌他。』

子曰：『君子易事而难说也①。说之不以道，不说也；及其使人也，器之②。小人难事而易说也，说之虽不以道，说也；及其使人也，求备焉③。』

【注释】

①易事：容易在一起工作。说：同『悦』。②器之：量才用人。③求备：求全责备。

【译文】

孔子说：『在君子手下工作很容易侍奉，但要讨他的喜欢却很难。不用正当的方式去讨他的欢喜，他是不会欢喜的；到他使用人的时候，他却能按照各人的才能而合理地使用。在小人手下工作很难侍奉，而要讨他的欢喜却容易。即使采用不正当的方式去讨他的欢喜，他也是会欢喜的；到他使用人的时候，他常常求全责备。』

子曰：『君子泰而不骄①，小人骄而不泰。』

【注释】

①泰：安宁，心情安定。骄：傲慢。

【译文】

孔子说：『君子安详舒泰，却不傲气凌人；小人傲气凌人，却不安详舒泰。』

子曰：『刚、毅、木①、讷②，近仁。』

【注释】

①木：质朴。②讷：说话迟钝。

【译文】

孔子说：『刚强、果断、质朴、说话谨慎，有这四种品德的人接近于仁。』

子路问曰：『何如斯可谓之士矣？』子曰：『切切偲偲①，怡怡如也②，可谓士矣。朋友切切偲偲，兄弟怡怡。』

【注释】

①切切偲偲：互相勉励、恳切批评。②怡怡：和顺，亲切。

【译文】

子路问道：『怎样才可以叫作士呢？』孔子说：『相互勉励，亲切和气；朋友之间互相批评，兄弟之间和睦相处，就可以叫作士了。』

子曰：『善人教民七年，亦可以即戎矣①。』

【注释】

①即戎：参军作战。

【译文】

孔子说：『善人教导人民七年，这些人也就可以参军作战了。』

子曰：『以不教民战，是谓弃之。』

【译文】

孔子说："用没有经过教育和训练的人民去打仗，这就叫作让把他们白送死。"

宪问第十四

宪问耻①、子曰："邦有道，谷②；邦无道，谷，耻也。""克、伐、怨、欲不行焉③，可以为仁矣？"子曰："可以为难矣④，仁则吾不知也。"

【注释】

①宪：姓原，名宪，字子思。孔子的学生。②谷：指俸禄。③克：好胜。伐：自夸。欲：贪欲。④为难：难能可贵。

【译文】

原宪问孔子什么叫作耻辱，孔子说："国家政治清明的时候，做官吃俸禄；国家政治昏暗的时候，照样做官吃俸禄，这是可耻的。"原宪又问："不做好胜、自矜、怨恨、贪欲的事，可以称为仁吗？"孔子说："可以说难能可贵，至于是否做到了仁，我就不清楚了。"

子曰："士而怀居①，不足以为士矣。"

【注释】

①怀居：怀念、留恋家庭的安逸生活。

【译文】

孔子说："士如果怀恋安逸的家庭生活，就不足以为士了。"

子曰："邦有道，危言危行[①]；邦无道，危行言孙[②]。"

【注释】

①危：正直。②孙：同"逊"，谦逊。

【译文】

孔子说："国家政治清明，说话正直，行为正直；国家政治昏暗，应该行为正直，说话谦逊。"

子曰："有德者必有言，有言者不必有德；仁者必有勇，勇者不必有仁。"

【译文】

孔子说："有德的人一定会有好的言谈，有好的言谈的人不一定有德行；仁德的人必定会有勇气，有勇气的人不一定有仁德。"

南宫适问于孔子曰[①]："羿善射[②]，奡荡舟[③]，俱不得其死然。禹、稷躬稼而有天下[④]？"夫子不答。南宫适出，子曰："君子哉若人[⑤]！尚德哉若人！"

【注释】

①南宫适：姓南宫，名适，字子容。孔子的学生。②羿：传说中的有穷国的君主，善射箭。③奡：传说是夏代大臣寒浞的儿子，善水战。④禹：传说中古代的圣君，很会治水。稷：传说是周朝国君的先祖，教民种植庄稼，被尊为谷神。⑤若人：这个人。

【译文】

南宫适问孔子说：『为什么羿善于射箭，奡善于水战，这两个人结果都未得好死；而禹、稷亲自耕种，却得到了天下呢？』孔子没有回答。南宫适出去了，孔子说：『这个人是君子呀！这个人崇尚美德呀！』

子曰：『君子而不仁者有矣夫①，未有小人而仁者也。』

【译文】

孔子说：『君子当中有不仁的人，可是小人当中却没有仁德的人。』

子曰：『爱之，能勿劳乎？忠焉，能勿诲乎？』

【译文】

孔子说：『爱子女，能不让他们勤劳吗？忠于朝廷，能不开导规劝吗？』

子曰：『为命①，裨谌草创之②，世叔讨论之③，行人子羽修饰之④，东里子产润色之⑤。』

【注释】

①命：指国家的政策法令。②裨谌：人名，郑国大夫。③世叔：字太叔，名游吉，郑国大夫。讨论：研究后提出意见。④行人：外交官。子羽：公孙辉，字子羽，郑国的大夫。⑤东里：地名，在今郑州市。郑国大夫子产居住的地方。

【译文】

孔子说：『郑国制定的政策法令，由裨谌起草，世叔进行探讨推敲，外交官子羽进行修饰，东里子产加工完成。』

或问子产①，子曰：“惠人也。”问子西②，曰：“彼哉！彼哉③！”问管仲④，曰：“人也。夺伯氏骈邑三百⑤，饭疏食，没齿无怨言。”

【注释】

①子产：郑国大夫，曾主持郑国政治，使郑国富强。②子西：名申，字子西，楚国的执政大臣，政绩不大。③彼哉，彼哉：他呀！他呀！当时表示轻视的习惯语。④管仲：名夷吾，齐桓公的辅政大臣，曾佐桓公称霸诸侯。⑤伯氏：齐国大夫。骈邑：地名。

【译文】

有人问子产怎么样，孔子说：“他是一个施惠于人的人吧。”问子西怎么样，孔子说：“他呀！他呀！”问管仲怎么样，孔子说：“他是个人才呀！剥夺了伯氏骈邑三百户的封地，使伯氏吃粗粮，但伯氏至死没有怨言。”

子曰：“贫而无怨难，富而无骄易。”

【译文】

孔子说：“贫穷而没有怨言很难做到，富有而不骄傲容易做到。”

子曰：“孟公绰为赵、魏老则优①，不可以为滕、薛大夫②。”

【注释】

①孟公绰：鲁国的大夫。赵、魏：代指赵氏、魏氏，晋国最有权势的大夫。老：大夫的家臣。优：有余。②滕、薛：鲁国附近的小诸侯国。滕在今山东滕州市，薛在今枣庄市薛城区。

【译文】

孔子说：『孟公绰如果做晋国赵氏、魏氏的家臣则财力有余，但不能做滕国、薛国的大夫。』

子路问成人①，子曰：『若臧武仲之知②，公绰之不欲③，卞庄子之勇④，冉求之艺⑤，文之以礼乐，亦可以为成人矣。』曰：『今之成人者何必然？见利思义，见危授命，久要不忘平生之言⑥，亦可以为成人矣。』

【注释】

①成人：完美无缺的人。②臧武仲：即鲁国大夫臧孙纥，以聪明著称。③公绰：即鲁国大夫孟公绰，以清心寡欲著称。④卞庄子：鲁国的大夫，以勇气著称。⑤冉求：孔子的学生，多才多艺。⑥要：同『约』，穷困。

【译文】

子路问孔子怎样才是完美无缺的人。孔子说：『聪明像臧武仲，清廉像孟公绰，勇敢像卞庄子，才艺像冉求，再用礼乐加以修饰，也就可以成为完人了。』接着又说道：『现在的完人何必要这样呢？能够见利思义，遇到危难能够献出生命，长久处于贫困而不忘记平生的诺言，也就可以成为完人了。』

子问公叔文子于公明贾曰①：『信乎？夫子不言②、不笑、不取乎？』公明贾对曰：『以告者过也③。夫子时然后言，人不厌其言；乐然后笑，人不厌其笑；义然后取，人不厌其取④。』子曰：『其然，岂其然乎？』

【注释】

①公叔文子：名拔，卫国大夫。卫献公之孙。公明贾：姓公明，名贾。公孙文子的使臣。②夫子：指公叔文子。③以：这。告者：告诉你的人。④取：取财。

【译文】

孔子向公明贾询问公叔文子的为人说：『老夫子真的是不说、不笑、不收取钱财吗？』公明贾回答说：『给你说这话的人说得太过分了。夫子把握准时机，然后才讲话，所以人们并不讨厌他的话；内心快活，然后才笑，所以人们并不讨厌他的笑；该取钱财时才取，所以别人不讨厌他取财。』孔子说：『是这样吗？难道真的是这样吗？』

子曰：『臧武仲以防求为后于鲁[1]，虽曰不要君[2]，吾不信也。』

【注释】

①防：地名，在今山东省。臧武仲的封地。②要君：要挟君主。

【译文】

孔子说：『臧武仲以防城为根据地向鲁君要求立自己的后代为鲁国的卿大夫，虽然有人说他不是要挟君主，但是我不相信。』

子曰：『晋文公谲而不正[1]，齐桓公正而不谲[2]。』

【注释】

①晋文公：姓姬，名重耳。晋国的国君，春秋五霸之一。谲：欺诈，玩弄权术。②齐桓公：姓姜，名小白。春秋五霸之一。

【译文】

孔子说：『晋文公奸诈而不公正，齐桓公公正而不奸诈。』

子路曰："桓公杀公子纠①，召忽死之②，管仲不死③。"曰："未仁乎？"子曰："桓公九合诸侯④，不以兵车⑤，管仲之力也！如其仁！如其仁！"

【注释】

①齐桓公：他和公子纠是兄弟，因为争夺君位，他杀死了公子纠。②召忽：公子纠家臣，公子纠被杀，他也自杀。③管仲：公子纠家臣，公子纠被杀后，他归服桓公，被任命为执政大臣。④九合诸侯：指诸侯多次会盟。⑤兵车：战车，代指武力。

【译文】

子路说："齐桓公杀死了公子纠，召忽自杀殉主，管仲却没有死难。"子路问："管仲不能称为仁德了吧？"孔子说："齐桓公多次纠合天下诸侯会盟，而不使用武力，这都是管仲的力量啊！这就是他的仁德！这就是他的仁德！"

子贡曰："管仲非仁者与？桓公杀公子纠，不能死，又相之①。"子曰："管仲相桓公，霸诸侯，一匡天下，民到于今受其赐。微管仲②，吾其被发左衽矣③。岂若匹夫匹妇之为谅也④，自经于沟渎而莫之知也⑤？"

【注释】

①相：辅助。②微：没有。③被：同"披"。左衽：衣襟向左边开。被发左衽指当时少数民族装束。④谅：小节小信。⑤自经：自缢。沟渎：沟渠。

【译文】

子贡说："管仲不能称为仁人了吧？桓公杀公子纠，他作为公子纠的家臣不能以身殉主，反而做了齐桓公的辅政大臣。』孔子说：『管仲辅佐齐桓公，成为诸侯的霸主，匡正了天下，老百姓到现在还享受他的好处。如果没有管仲，我们恐怕早就变成了野蛮人了，怎么能像普通男女那样遵守小节小信，自缢在水沟里面没有人知道呢？』

公叔文子之臣大夫僎与文子同升诸公①。子闻之，曰：『可以为「文」矣。』

【注释】

①僎：公叔文子家臣。升诸公：指僎与公叔子文一同做了卫国的大夫。

【译文】

公叔文子的家臣大夫僎与公叔文子同时升为卫国的大臣。孔子听到这件事，说：『他可以称为「文」了。』

子言卫灵公之无道也①，康子曰②：『夫如是，奚而不丧？』孔子曰：『仲叔圉治宾客③，祝鮀治宗庙④，王孙贾治军旅⑤，夫如是，奚其丧？』

【注释】

①卫灵公：卫国国君。②康子：季康子，鲁国大夫。③仲叔圉：即孔文子，卫国大夫。④祝鮀：卫国大夫。⑤王孙贾：卫国大夫。

【译文】

孔子谈到卫灵公的无道，季康子说：『他那个样子，为什么不亡国呢？』孔子说：『有仲叔圉主管接待宾客，祝鮀主管祭祀，王孙贾统率军队，像这样，怎么会亡国呢？』

子曰：『其言之不怍①，则为之也难。』

【注释】

①怍：惭愧。

【译文】

孔子说：『一个人说话不知道惭愧，那么，做起来就难以兑现了。』

陈成子弑简公①。孔子沐浴而朝，告于哀公曰：『陈恒弑其君，请讨之。』公曰：『告夫三子②。』孔子曰：『以吾从大夫之后③，不敢不告也。君曰「告夫三子」者！』之三子告，不可。孔子曰：『以吾从大夫之后，不敢不告也。』

【注释】

①陈成子：即陈恒，又名田成子，齐国的大夫。简公：齐简公，名壬，齐国国君。②三子：鲁国最有权势的三家大夫季孙、孟孙、叔孙。③从大夫之后：是『曾做过大夫』的谦称。

【译文】

陈成子杀死了齐简公。孔子沐浴斋戒后上朝朝见国君，他报告鲁哀公说：『陈成子杀死了他的君主，请出兵讨伐他。』哀公说：『请去报告三家大夫。』孔子说：『因为我曾经做过大夫，所以不敢不来报告，可是君主却说「你去报告那三位大夫」吧！』孔子又去报告三位大夫，三位大夫不同意出兵讨伐。孔子说：『我因为曾经做过大夫，所以不敢不来报告。』

子路问事君，子曰：『勿欺也，而犯之①。』

【注释】

①犯：谏诤，规劝。

【译文】

子路问怎样侍君，孔子说：『不要欺君，但可犯颜谏诤。』

子曰：『君子上达[①]，小人下达[②]。』

【注释】

①上达：指上达于仁义。②下达：指下达于财利。

【译文】

孔子说：『君子不断地追求仁义，小人不断地贪求财利。』

子曰：『古之学者为己，今之学者为人。』

【译文】

孔子说：『古代人学习是为了充实提高自己，现在的人学习是为了装饰自己给别人看。』

蘧伯玉使人于孔子[①]，孔子与之坐而问焉，曰：『夫子何为？』对曰：『夫子欲寡其过而未能也。』使者出，子曰：『使乎！使乎！』

【注释】

①蘧伯玉：名瑗，卫国大夫。

【译文】

蘧伯玉派一位使者去拜访孔子，孔子让使者坐下，然后问道：『蘧伯玉老先生在做些什么？』使者回答说：『他老先生想减少自己的过错而没有做到。”使者出去后，孔子说：“是一位好使者啊！是一位好使者啊！”

子曰：“不在其位，不谋其政。”曾子曰：“君子思不出其位。”

【译文】

孔子说：“不在那个职位，就不考虑那方面的政事。”曾子说：“君子思虑的问题不超出他的职务范围。”

子曰：“君子耻其言而过其行。”

【译文】

孔子说：“君子认为言过其行是可耻的。”

子曰：“君子道者三，我无能焉：仁者不忧，知者不惑，勇者不惧。”子贡曰：“夫子自道也。”

【译文】

孔子说：“君子所依循的道有三项，我都没有做到：仁德的人不忧愁，聪明的人不迷惑，勇敢的人不畏惧。”

子贡说：“这是老师自己遵循的道。”

子贡方人[1]，子曰：“赐也贤乎哉[2]？夫我则不暇。”

【注释】

①方人：评论人。方，同“谤”。②赐：即子贡。

【译文】

子贡评头品足地议论人，孔子说：“子贡啊！你就那么好吗？我就没有闲工夫说别人短处。”

子曰：『不患人之不己知，患其不能也。』

【译文】

孔子说：『不担心别人不了解自己，担心自己没有才能。』

子曰：『不逆诈①，不亿不信②，抑亦先觉者③，是贤乎？』

【注释】

①逆：事先怀疑。②亿：同『臆』，推测。③抑：然而。

【译文】

孔子说：『不怀疑别人欺骗自己，不揣测别人不讲信用，然而却能及早觉察出来，这才是贤人啊！』

微生亩谓孔子曰①：『丘何为是栖栖者与②？无乃为佞乎③？』孔子曰：『非敢为佞也，疾固也④。』

【注释】

①微生亩：鲁国人，姓微生，名亩。②栖栖：不安定的样子。③佞：花言巧语。④固：固执。借指固执的人（隐指微生亩）。

【译文】

微生亩对孔子说：『你为什么东奔西跑到处游说呢？你不成了一个花言巧语游说的人了吗？』孔子说：『我不敢做花言巧语的人啊，我是痛恨人们孤陋无知啊！』

子曰：『骥不称其力①，称其德也。』

【注释】

①骥：千里马。

【译文】

孔子说：『千里马值得称赞的不是它的力气，值得称赞的是它的品德。』

或曰：『以德报怨，何如？』子曰：『何以报德？以直报怨①，以德报德。』

【注释】

①以直抱怨：指心里不隐藏怨恨，即心里有怨气就以怨报怨，怨气消掉了就不要再报怨。

【译文】

有人说：『用恩德来报答怨恨，这种做法怎么样？』孔子说：『那用什么来报答恩德呢？应该是以正直来报答怨恨，以恩德来报答恩德。』

子曰：『莫我知也夫！』子贡曰：『何为其莫知子也？』子曰：『不怨天，不尤人，下学而上达①，知我者，其天乎！』

【注释】

①下学：学人事。上达：达天命。

【译文】

孔子说：『没有人理解我了呀！』子贡说：『怎么说没有人知道你了呢？』孔子说：『我既不埋怨上天，也不怪罪别人，我下学人事上达天命，了解我的大概只有天吧！』

公伯寮愬子路于季孙①。子服景伯以告②，曰：『夫子固有惑志于公伯寮③，吾力犹能肆诸市朝④。』子曰：『道之将行也与，命也；道之将废也与，命也。公伯寮其如命何！』

【注释】

①公伯寮：字子周，孔子的学生。愬：同『诉』，毁谤。季孙：鲁国的大夫。②子服景伯：名何，鲁国的大夫。③夫子：指季孙。④肆：陈死尸。市朝：街市。

【译文】

公伯寮在季孙氏面前诋毁子路。子服景伯将这件事告诉了孔子，说：『季孙氏被公伯寮迷惑住了，我有能力让公伯寮陈尸街头以示众。』孔子说：『大道将要施行起来呀，是命运哪！大道将要废弃呀，也是命运啊！公伯寮能对命运怎么样？』

子曰：『贤者辟世①，其次辟地，其次辟色，其次辟言。』子曰：『作者七人矣②。』

【注释】

①辟：避，逃避。②作者：为之者。七人：指伯夷、叔齐、虞仲、夷逸、朱张、柳下惠、少年等七人。一说指长沮、桀溺、丈人、石门、荷蒉、仪封人、楚狂接舆等七人。

【译文】

孔子说：『贤人回避乱世，次一等的回避乱的地方，再次一等的回避某些人难看的脸色，更次一等的避开某些难听的话。』孔子说：『这样做的已经有七个人了。』

子路宿于石门①。晨门曰②：『奚自？』子路曰：『自孔氏。』曰：『是知其不可而为之者与？』

【注释】

①石门：鲁国都城的外门。②晨门：早晨看城门的人。

【译文】

子路在鲁国都城的外门住了一夜。第二天清晨进城的时候，早晨开城门的人说：『从哪里来？』子路说：『从孔家来。』开门人说：『是那个知道行不通还要干的人吗？』

子击磬于卫①，有荷蒉而过孔氏之门者②，曰：『有心哉，击磬乎！』既而曰：『鄙哉，硁硁乎③！莫己知也，斯已而已矣④。深则厉，浅则揭⑤。』子曰：『果哉！末之难矣⑥。』

【注释】

①磬：一种打击乐器，用玉或石制成。②荷：担负。蒉：盛土的草筐。③硁硁：击磬发出的声音。④斯己：就为自己。⑤深则厉，浅则揭：水深就把衣裳脱下，水浅就把衣裳提起。这是指人的进退出处应审时度势。厉，裸，脱衣渡水。揭，提起衣裳渡水。⑥末：无。

【译文】

孔子在卫国，有一天正在击磬，有一个挑着草筐的人从孔子门前经过，他说：『真有心哪，还击磬呢？』过一会儿又说：『声调这么粗鄙，铿铿的，没人知道自己，就独善其身罢了。这好比过河，水深就把衣裳脱下，水浅就把衣裳提起来。』孔子说：『果然如此，那就没什么困难了。』

子张曰：『《书》云：「高宗谅阴①，三年不言。」何谓也？』子曰：『何必高宗？古之人皆然。君薨②，百官总己以听于冢宰三年③。”

【注释】

①高宗：殷王武丁，古人称他是商朝中兴的贤王。谅阴：居丧时所住的房子，又叫凶庐。这里指守孝。②薨：古代诸侯国王死称薨。③冢宰：官名。在先秦是辅佐天子之官。后世因以冢宰为宰相之称。

【译文】

子张说：“《尚书》说：‘殷高宗守孝，三年不谈政事。’这是什么意思啊？”孔子说：“不只是殷高宗，古人都是这样。国君死了，三年来百官总理自己的事务完全听命于冢宰。”

子曰：“上好礼，则民易使也。”

【译文】

孔子说：“在上位的人喜欢依照礼法行事，那么百姓就容易使唤。”

子路问君子，子曰：“修己以敬。”曰：“如斯而已乎？”曰：“修己以安人①。”曰：“如斯而已乎？”曰：“修己以安百姓。修己以安百姓，尧舜其犹病诸②！”

【注释】

①人：指亲族和朋友。②尧、舜：传说是古代的明君。病：担心，这里有“难以做到”的意思。

【译文】

子路问怎样才能成为君子，孔子说：“加强修养保持恭敬谦逊的态度。”子路说：“像这样就可以了吗？”孔子说：

『修养自己，使亲友安乐。』子路说：『像这样就可以了吗？』孔子说：『加强修养，使老百姓得到安乐。加强修养使百姓得到安乐，尧舜大概还难做到哩！』

原壤夷俟①，子曰：『幼而不孙弟②，长而无述焉③，老而不死，是为贼④。』以杖叩其胫。

【注释】

①原壤：孔子的朋友。夷：两腿叉开而坐。俟：等待。②孙弟：同『逊悌』，孝悌。③无述：没有建立什么功德。④贼：害人的人。

【译文】

原壤叉开双腿坐着等孔子，孔子说：『你小时候不讲孝悌，长大了没有什么成就，老了还不死掉，真是个害人精。』孔子说完用手杖敲他的小腿。

阙党童子将命①。或问之曰：『益者与？』子曰：『吾见其居于位也②，见其与先生并行也③。非求益者也，欲速成者也。』

【注释】

①阙党：地名，在今山东曲阜市内，孔子的故乡。②居于位：坐在主人的位上。③并行：并排行走。当时礼节规定，年轻人与长辈在一起走路，应该与长辈并行而稍后。

【译文】

阙党的一个儿童向孔子传话。有人问孔子：『这个儿童是个求上进的人吗？』孔子说：『我看见他坐在成年人的位子上，与长辈并肩而行。他不是一个求上进的人，而是一个急于求成的人。』

孟子

公孙丑上

公孙丑[1]问曰：『夫子当路[2]于齐，管仲、晏子[3]之功，可复许[4]乎？』

孟子曰：『子诚齐人也，知管仲、晏子而已矣。或问乎曾西[5]曰：「吾子[6]与子路[7]孰贤？」曾西蹵[8]然曰：「吾先子[9]之所畏也。」曰：「然则吾子与管仲孰贤？」曾西艴然[10]不悦，曰：「尔何曾比予于管仲？管仲得君如彼其专也，行乎国政如彼其久也，功烈如彼其卑也。尔何曾比予于是？」』曰[11]：『管仲，曾西之所不为也，而子为[12]我愿之乎？』

曰：『管仲以其君霸，晏子以其君显。管仲、晏子犹不足为与？』

曰：『以齐王，由[13]反手也。』

曰：『若是，则弟子之惑滋甚。且以文王之德，百年而后崩[14]，犹未洽于天下；武王、周公[15]继之，然后大行。今言王若易然，则文王不足法与？』

曰：『文王何可当[16]也？由汤至于武丁，贤圣之君六、七作[16]，天下归殷久矣，久则难变也。武丁朝诸侯，有天下，犹运之掌也。纣之去武丁未久也，其故家遗俗，流风善政，犹有存者；又有微子、微仲、王子比干、箕子、胶鬲[17]——皆贤人也——相与[18]辅相之，故久而后失之也。尺地，莫非其有也；一民，莫非其臣也。然而文王犹方百里起，是以难也。齐人有言曰：「虽有智慧，不如乘势；虽有镃基[19]，不如待时。」今时则易然也：夏后、殷、周之盛，地未有过千里者也，而齐有其地矣；鸡鸣狗吠相闻，而达乎四境，而齐有其民矣。地不改辟矣，民不改聚矣，行仁政而王，莫之能御也。且王者之不作，未有疏于此时者也；民之憔悴于虐政，未有甚于此时者也。饥者易为食，渴者易为饮。孔子曰：「德之流行，速于置邮而传命[20]。」当今之时，万乘之国行仁政，民之悦之，犹解倒悬也。故事半古之人，功必倍之，惟此时为然。』

【注释】

①公孙丑：孟子弟子，齐国人。②当路：当政、当权。③管仲：齐桓公之相。晏子：齐景公之相。《史记》有《管晏列传》。④许：兴。⑤曾西：曾参之子，名申，字子西。⑥吾子：亲密的对称敬辞。⑦子路：孔子弟子，即仲由。⑧蹵然：不安的样子。⑨先子：古人用以称呼已去世的长辈。此指曾西的父亲曾参。⑩艴然：恼怒的样子。⑪曰：仍是孟子所说，表示孟子说话时有停顿。⑫为：同「谓」。⑬由：同「犹」。置邮而传命。⑭百年而后崩：古代传说「文王九十七乃崩」。⑮周公：姬旦，文王之子，武王之弟。辅助武王伐纣，统一天下；又辅助成王定乱，安定天下。⑯当：对等、相称。⑰微子：名启，纣的庶兄。微仲：微子之弟，名衍。王子比干：纣的叔父，被纣所杀。箕子：也是纣的叔父，被纣所囚禁。胶鬲：纣的大臣。⑱相与：共同。⑲镃基：锄头。⑳置邮：相当于后代的驿站传递。命：国家政令。

【译文】

公孙丑问道：「您如果在齐国当权，管仲、晏子的功业可以复兴吗？」

孟子说：「你真是一个齐国人，只知道管仲、晏子。曾经有人问曾西：「你和子路相比，谁更贤德？」曾西不安地说：「他是我父亲所敬畏的人，（我哪能和他相比？）」那人又问：「那么你与管仲相比，谁更贤德？」曾西听了很不高兴，说：「你怎么竟拿我跟管仲相比？管仲得到君王的信任是那样专一，行使国家政权是那样长久，而功绩却是那样卑小。你为什么拿我跟他相比？」」停了一会儿，孟子又说：「管仲是曾西都不愿跟他相比的人，你以为我愿意跟他相比吗？」

公孙丑说：「管仲辅佐齐桓公使他称霸诸侯，晏子辅佐齐景公使他名扬诸侯。管仲、晏子难道不值得学习吗？」

孟子说：「以齐国来统一天下，易如反掌。」

公孙丑说：『如果是这样，我就更不明白了。像周文王那样的德行，而且活了一百岁，仍未能统一天下；周武王、周公旦继承了他的事业，德政大行，然后才统一天下。如今您把统一天下说得那么容易，那么连周文王也不值得效法吗？』

孟子说：『怎能同周文王相比较呢？从商汤到武丁，贤明的君主有六、七位，天下的人归服商朝已经很久了，时间长了便难于改变。武丁时代，诸侯来朝，治理天下好像是运物于手掌之中。纣王的时代距武丁并不远，当时的忠臣世家、善良习俗、先民遗风、仁惠政教，有些仍流传于世；再加上又有微子、微仲、王子比干、箕子、膠鬲等宗亲大臣——他们都是贤德之人——共同辅佐殷王室，所以经历了很长时间才亡国。当时没有一尺土地不归殷朝所有，没有一个百姓不是殷朝的臣民。然而周文王还能凭借方圆百里的小国以创立丰功伟业，所以是很困难的。齐国有句话：「虽然有聪明，还得趁形势；虽然有锄头，还得等待季节。」现在的时势要实行王政就容易多了：在夏、商、周最兴盛的时代，也没有方圆超过千里的诸侯国，而现在的齐国却有这样广大的土地。鸡鸣狗叫之声，在齐国四境之内处处相闻，（人烟如此稠密，）齐国有这么多的百姓。国土不用再开拓，百姓不用再增加，只要实行仁政来统一天下，使没有人能阻止得了。而且统一天下的圣贤君王未出现，从来没有像这样长久过；百姓在暴政下痛苦生活，从来没有比现在更严重的。饥饿的人不苛择食物，口渴的人不苛择饮料。孔子说过：「德政的流行，比驿站送达政令还要迅速。」现在这个时候，拥有万辆兵车的大国要实行仁政，老百姓的高兴，就好像被人倒挂着而给解救了一般。所以只用古人一半的力气，却能得到一倍的效果，只有在这个时代才行。』

公孙丑问曰：『夫子加①齐之卿相，得行道焉，虽由此霸王，不异②矣。如此，则动心否乎？』

孟子曰：『否。我四十不动心。』

曰：『若是，则夫子过孟贲③远矣。』

曰：『是不难。告子④先我不动心。』

曰：『不动心有道乎？』

曰：『有。北宫黝⑤之养勇也：不肤桡⑥，不目逃；思以一豪挫于人，若挞之于市朝⑦；不受于褐宽博⑧，亦不受于万乘之君；视刺万乘之君，若刺褐夫；无严⑨诸侯，恶声至，必反之。孟施舍⑩之所养勇也，曰：「视不胜犹胜也。量敌而后进，虑胜而后会⑪，是畏三军者也。舍岂能为必胜哉？能无惧而已矣。」孟施舍似曾子，北宫黝似子夏⑫。夫二子之勇，未知其孰贤，然而孟施舍守约也。昔者曾子谓子襄⑬曰：「子好勇乎？吾尝闻大勇于夫子⑭矣：自反而不缩⑮，虽褐宽博，吾不惴⑯焉；自反而缩，虽千万人，吾往矣。」孟施舍之守气，又不如曾子之守约也。』

曰：『敢问夫子之不动心与告子之不动心，可得闻与？』

『告子曰：「不得与言⑰，勿求于心⑱；不得于心，勿求于气⑲。」不得于心，勿求于气，可；不得于言，勿求于心，不可。夫志，气之帅也；气，体之充也。夫志至焉，气次焉；故曰：「持⑳其志，无暴㉑其气。」』

『既曰「志至焉，气次焉」，又曰「持其志，无暴其气」者，何也？』

曰：『志壹㉒则动气，气壹则动志也。今夫蹶者、趋者，是气也，而反动其心。』

『敢问夫子恶乎长？』

曰：『我知言，我善养吾浩然㉓之气。』

『敢问何为浩然之气？』

曰：『难言也。其为气也，至大至刚，以直养而无害，则塞于天地之间。其为气也，配义与道；无是，馁也。是集义[24]所生者，非义袭而取之也。行有不慊于心，则馁矣。我故曰，告子未尝知义，以其外之也。必有事焉，而勿正[25]，心勿忘，勿助长也。无若宋人然：宋人有闵[26]其苗之不长而揠之者，芒芒然[27]归，谓其人[28]曰：「今日病[29]矣！予助苗长矣！」其子趋而往视之，苗则槁矣。天下之不助苗长者寡矣。以为无益而舍之者，不耘苗者也；助之长者，揠苗者也——非徒无益，而又害之。』

『何谓知言？』

曰：『诐辞[30]知其所蔽，淫辞知其所陷，邪辞知其所离[31]，遁辞知其所穷[32]——生于其心，害于其政；发于其政，害于其事。圣人复起，必从吾言矣。』

『宰我[33]、子贡[34]善为说辞，冉牛[35]、闵子[36]、颜渊[37]善言德行。孔子兼之，曰：「我于辞命，则不能也。」然则夫子既圣矣乎？』

曰：『恶[38]！是何言也？昔者子贡问于孔子曰：「夫子圣矣乎？」孔子曰：「圣则吾不能，我学不厌而教不倦也。」子贡曰：「学不厌，智也；教不倦，仁也。仁且智，夫子既圣矣。」夫圣，孔子不居，是何言也？』

『昔者窃[39]闻之：子夏、子游[40]、子张[41]皆有圣人之一体，冉牛、闵子、颜渊则具体而微，敢问所安？』

曰：『姑舍是[42]。』

曰：『伯夷[43]、伊尹[44]何如？』

曰：『不同道。非其君不事，非其民不使；治则进，乱则退，伯夷也。何事非君，何使非民；治亦进，乱亦进，伊尹也。

可以仕则仕，可以止则止㊺，可以久则久，可以速则速，孔子也。皆古圣人也，吾未能有行焉；乃所愿，则学孔子也。』

『伯夷、伊尹于孔子，若是班㊻乎？』

曰：『否。自有生民以来，未有孔子也。』

曰：『然则有同与？』

曰：『有。得百里之地而君之，皆能以朝诸侯，有天下。行一不义，杀一不辜，而得天下，皆不为也。是则同。』

曰：『敢问其所以异？』

曰：『宰我、子贡、有若㊼，智足以知圣人，污不至阿其所好。宰我曰：「以予观于夫子，贤于尧、舜远矣。」

子贡曰：「见其㊽礼而知其政，闻其乐而知其德。由百世之后，等㊾百世之王，莫之能违也。自生民以来，未有夫子也。」

有若曰：「岂惟民哉？麒麟之于走兽，凤凰之于飞鸟，太山之于丘垤㊿，河海之于行潦(51)，类也；圣人之于民，亦类也。出于其类，拔乎其萃，自生民以来，未有盛孔子也。」』

【注释】

①加：居。②异：奇异。③孟贲：古代勇士。④告子：事迹不可详考，曾与孟子辩论。⑤北宫黝：其人已不可考。⑥桡：却，退。⑦市朝：此指集市。⑧褐宽博：古代所谓贱者之服。⑨严：畏惧。⑩孟施舍：孟施为复姓，其人已不可考。⑪会：会合交锋。⑫子夏：孔子弟子子商。⑬子襄：曾子的弟子。⑭夫子：指孔子。⑮缩：此为『曲直』之『直』。⑯惴：惊惧。⑰不得与言：意为人家能服我口却未能服我心。⑱勿求于心：不要在思想上找原因。⑲气：意气。⑳持：守。㉑暴：乱。㉒壹：专一。㉓浩然：盛大、流行。㉔集义：正义的积累。下句『义袭』是指偶然的正义行为。㉕正：定。此指一定的目的。㉖闵：忧，

担心。㉗芒芒然：疲惫的样子。㉘其人：家人。㉙病：疲倦。㉚诐辞：偏颇之辞。㉛离：离于正则为邪，故称『邪辞知其所离』。

㉜穷：理有所穷而后辞遁。㉝宰我：孔子的学生宰予。㉞子贡：孔子的学生端木赐。㉟冉牛：孔子的学生冉耕，字伯牛。

㊱闵子：孔子的学生闵损，字子骞。㊲颜渊：孔子的学生颜回，字子渊。㊳恶：叹词，表示惊讶。㊴窃：表示自谦。㊵子游：孔子的学生言偃。㊶子张：孔子的学生颛孙师。㊷姑舍是：此句可理解为『暂且不谈这个』。㊸伯夷：商朝孤竹君的长子，与其弟叔齐互相让位，终于逃去。周武王灭商后，两人不食周粟，饿死于首阳山。㊹伊尹：商汤的大臣。㊺止：此与『仕』相对。㊻班：同『等』。㊼有若：孔子的学生，鲁人。㊽其：指孔子。㊾等：比较。㊿丘垤：小土堆。(51)行潦：浅水洼。

【译文】

公孙丑问道：『老师若做了齐国的卿相，能够实行仁义之道，由此可以成就王霸的业绩，也是不足为奇的。如果这样，您是否有所心动呢？』

孟子说：『不。我从四十岁以后就不再动心了。』

公孙丑说：『这么看来，老师比孟贲强多了。』

孟子说：『这并不难。告子能够不动心比我还早呢。』

公孙丑问：『做到不动心有方法吗？』

孟子说：『有。北宫黝是培养勇气：肌肤被刺，毫不退缩；眼睛被戳，不眨一眨。他认为在一丝一毫之处受挫于别人，就像在大庭广众之下受到鞭打一样；既不能忍受普通百姓的侮辱，也不能忍受大国君主的侮辱；把刺杀大国君主看得如同刺杀普通百姓一样。对诸侯君主毫不畏惧，若是挨了骂一定要回去。孟施舍培养勇气的方法又不同，他说：「我对待不能战胜的敌人，跟对待足以战胜的敌人一样。如果先估量敌人的力量再前进，先考虑胜败再交锋，这种人若遇到众多的敌人一定会害怕。我怎能一定打胜仗呢？只不过是无所畏惧罢了！』孟施舍养勇像曾子，北宫黝的养勇像子夏。这两个人的勇气，我也不知道谁更好一些，但是孟施舍的方法比较可行。从前曾子对子襄说：「你喜欢勇敢吗？我曾经从老师那里听到过关于大勇的理论：反躬自问，自己理亏，纵然对方是卑贱的人，我不去恐吓他；反躬自问，正义在我，对方纵有千军万马，我也勇往直前。」孟施舍的养勇只是保持一股无所畏惧的盛气，不如曾子养勇所遵循的原则。』

公孙丑说：『我大胆地问问您：老师的不动心和告子的不动心，可以告诉我吗？』

孟子说：『告子说：「假如不能在言语上得胜，便不必去求助于思想；假如不能在思想上得胜，便不必求助于意气。」（我认为：）不能在思想上得胜，便不必求助于意气，是对的；不能在言语上得胜，便不必求助于思想，是不对的。思想是意气的主帅，意气感情是充满体内的力量，思想意志到了哪里，意气感情也就在哪里表现出来。所以说：「既要坚定自己的思想意志，同时也不要滥用意气感情。」』

公孙丑说：『您既然说「思想意志到了哪里，意气感情也就在哪里表现出来」，您又说「既要坚定自己的思想意志，同时又不要滥用意气感情」，这是什么道理呢？』

孟子说：『（它们之间是相互影响的。）思想意志专注于某一处，意气感情就会跟着转移；意气感情若是专注于某一处，思想意志也会受到影响。例如奔跑和跌倒，这只是气的作用，结果又反过来影响到思想。』

公孙丑问：『请问老师的长处在什么地方？』

孟子说：『我能知道别人言语的得失，也善于培养我的浩然之气。』

公孙丑问：『请问什么叫浩然之气？』

孟子说：『这很难说清楚。浩然之气是一种最伟大、最刚强的气，用正义去培养它，不要加以伤害，就会充满于天地之间，无所不在。这种气，要与道和义相配合，不这样就毫无力量。浩然之气，是正义的不断积累而产生的，并不是靠偶然的正义行为就能得到的。做了有愧的事，浩然之气就减弱了。所以我说，告子并不懂得什么是义，他们把义看成是外在的东西。（义是内心之物，）一定要培养它，但又不能有特定的目的；心中要常想到它，但又不能人为地帮助它生长。不能像那个宋国人那样：宋国有一个担心禾苗长不快而去把它拔高的人，十分疲倦地回家，对家里人说：「今天累坏了！我帮助禾苗长高了！」他儿子赶快跑去一看，禾苗都枯槁了。其实天下不拔苗助长的人是很少的。认为培养工作没有益处而舍弃不干的人，就好比种庄稼不锄草的懒汉；为了帮助生长而去拔苗的人，不但没有好处，反而会伤害禾苗。』

公孙丑问：『怎样才是善于分析别人的言论的得失？』

孟子说：『对偏颇的言论，知道它片面性之所在；对过分的言论，知道它沉溺之处；对不合正道的言论，知道它偏离正道的原因；对躲闪的言论，知道它理屈之所在。这些言论从心中产生，就会在政治上造成危害；如果在政治中实行，就会危害具体的工作。如果圣人再度出现，也一定会认为我这些话是对的。』

公孙丑说：『宰我、子贡善于言辞，冉牛、闵子、颜渊善于阐述道德。孔子则兼有两个方面的长处，但他还说：「我对于言辞不太擅长。」而老师您，（在言辞和道德两方面都擅长，）您已经是圣人了吧？』

孟子说：『哎！这是什么话！从前子贡问孔子说：「老师已经是圣人了吗？」孔子说：「圣人，我做不到。我不过是学习不知满足，教育人不知疲劳罢了。」子贡说：「学习不知满足，这是智；教育人不知疲劳，这是仁。既仁又智，老师已经是圣人了。」圣人，连孔子都不敢自居，（你却这样评论我，）这是什么话！」

公孙丑说：「我从前听说过，子夏、子游、子张都具备圣人的一部分长处；冉牛、闵子、颜渊大体近于圣人，只是不够完备精深。请问老师您自认为处于一种什么地位？」

孟子说：「暂且不谈这个。」

公孙丑问：「伯夷和伊尹怎么样？」

孟子答道：「也不相同。不是他心目中理想的君主，他不去服侍；不是属于自己的百姓，他不去使唤；天下太平就出来做官，天下昏乱就退而隐居，这是伯夷的做法。任何君主都可以去服侍，任何百姓都可以去使唤；太平也做官，不太平也做官，这是伊尹的做法。应该做官就做官，应该辞职就辞职，应该继续干就继续干，应该结束就结束，这是孔子的做法。他们都是古代的圣人，可惜我没有做到。至于我的愿望，是学习孔子。」

公孙丑问：「伯夷、伊尹和孔子，他们是一样的吗？」

孟子答道：「不。自有人类以来，没有人能比得上孔子。」

公孙丑问：「那么他们三人有相同的地方吗？」

孟子回答：「有。如果他们有方圆百里的土地做君王，他们都能使诸侯来朝拜，从而统一天下；做一件不义的事，杀一个无辜的人，因而得到天下，他们都不会去做。这就是他们相同的地方。」

公孙丑问：「请问，他们不同的地方在哪里？」

孟子说：「宰我、子贡、有若三人，他们的聪明知识足以了解圣人，即使他们不好，也不至于偏袒他们所喜爱的人。宰我说：「以我的眼光来看老师，比尧舜强多了。」子贡说：「见到孔子制作的礼，就可以了解那种政治；听到孔子制作的乐，就可以知道那种德教。即使在百代之后去评价百代以来的君王，任何一个君王都不能违离孔子之道。从有人类以来，还没有出现过孔夫子这样的人。」有若说：「难道仅仅人类有高下的不同吗？麒麟对于走兽，凤凰对于飞鸟，太山对于土堆，河海对于小溪，何尝不是同类；圣人对于百姓，亦是同类。但他远远超出同类，大大高出同辈，自有人类以来，没有比孔子更伟大的。」

孟子曰：『以力假仁者霸，霸必有大国；以德行仁者王，王不待大——汤以七十里，文王以百里。以力服人者，非心服也，力不赡[1]也；以德服人者，中心悦而诚服也——如七十子[2]之服孔子也。《诗》云[3]：「自西自东，自南自北，无思[4]不服。」此之谓也。』

【注释】

①赡：足。②七十子：孔子弟子三千，精通六艺者，七十有二人，通称为『七十子』。③《诗》云：此处引《诗经·大雅·文王有声》诗句。④思：语助词，无意。

【译文】

孟子说：『依仗武力又假借仁义之名可以称霸诸侯，称霸一定要凭借国力的强大；依靠道德来实行仁政可以称王天下，称王的不必以强大的国力为凭借——商汤仅有方圆七十里的土地，周文王也仅有方圆百里的土地。依靠武力使人服从，人家不会心悦诚服，而是力量不足以反抗；用德行来使人服从，人家才会心悦诚服——就好像孔子的弟子们归服孔子一样。《诗经》上说：「从东从西，从南从北，无不心悦诚服。」正是这个意思。』

孟子曰：「仁则荣，不仁则辱；今恶辱而居不仁，是犹恶湿而居下也。如恶之，莫如贵德而尊士，贤者在位，能者在职。国家闲暇[1]，及是时，明其政刑。虽大国，必畏之矣。《诗》云[2]：『迨天之未阴雨，彻彼桑土，绸缪[3]牖户。今此下民[4]，或敢侮予？』孔子曰：『为此诗者，其知道乎！能治其国家，谁敢侮之？』今国家闲暇，及是时，般乐怠敖[5]，是自求祸也。祸福无不自己求之者。《诗云》[6]：『永言配命[7]，自求多福。』《太甲》[8]曰：『天作孽，犹可违；自作孽，不可活。』此之谓也。」

【注释】

①国家闲暇：指国家无内乱外忧。②《诗》云：此处引《诗经·豳风·鸱鸮》诗句。③绸缪：补葺。④下民：诗句以鸱鸮口吻，其巢在上，故称人为「下民」。民，人。⑤般乐：音乐。怠：惰怠。敖：遨、出游。⑥《诗云》：此处引《诗经·大雅·文王》诗句。⑦永：长。配命：言我周朝之命与天命相配。⑧《太甲》：指《尚书·太甲》篇。

【译文】

孟子说：「如果实行仁政，就会有荣耀；不实行仁政，就会遭受屈辱。如今人们厌恶屈辱而又不实行仁政，这就好像是厌恶潮湿而又自处于低洼之地一样。若是真的厌恶屈辱，最好的方法是崇尚道德、尊敬士人，使贤能的人居于应得的官位，有才能的人担任相应的职务。国家没有内忧外患，趁这个时候修明政治法典，即使是强大的邻国也会畏惧它。《诗经》上说：『（鸟雀）趁着还没有阴天下雨，叼些桑树的根皮，修理门户。下面的人们，谁敢把我来欺负！』孔子说：『作这首诗的人，他懂得道啊！能治理他的国家，谁还敢侮辱他？』如今国家没有内忧外患，追求享乐，怠惰游玩，这等于自己寻求祸害。祸害与幸福，没有不是自己找来的。《诗经》上说：『永远于天命相配，自己去寻求更多的幸福。」《太甲》上说：「上天降下的灾害还可以躲避，自作的罪孽，逃也逃不了。」正是这个意思。』

孟子曰：『尊贤使能，俊杰在位，则天下之士皆悦，而愿立于其朝矣；市，廛而不征，法而不廛①，则天下之商皆悦，而愿藏于其市矣；关，讥而不征②，则天下之旅③皆悦，而愿出其路矣；耕者，助而不税④，则天下之农皆悦，而愿耕于其野矣；廛⑤，无夫里之布⑥，则天下之民皆悦，而愿为之氓⑦矣。信能行此五者，则邻国之民仰之若父母矣。率其子弟，攻其父母，自生民以来未有能济者也。如此，则无敌于天下。无敌于天下者，天吏⑧也。然而不王者，未之有也。』

【注释】

①廛而不征，法而不廛：市场中的商舍不征税，货物按规定的方法出售不征税。前一个『廛』字指商舍，后一个『廛』字指一种税的名称。②讥：讥斥。此处是『稽查』的意思。③旅：行旅。④助而不税：在公田上劳动以代替交税。⑤廛：此处指民居。⑥夫里之布：指赋税。⑦氓：由其他地方前来归附之民。⑧天吏：官吏奉行天命，谓之天吏。

【译文】

孟子说：『尊重贤人，使用有能力的人，杰出的人才都有官位，那么，天下的士人都会很高兴，愿意为朝廷服务；在市场上，商用房舍不征税，按照规定的方法出售货物也不征税，那么，天下的商人都很高兴，愿意把货物存放于市场上；关卡，只盘查而不征税，那么，天下的旅客都很高兴，愿意经过那里的道路；对耕田的人，实行井田制，只助耕公田，不再征税，天下的农民都很高兴，愿意在那里的田野上耕种；人们居住的地方，不征收赋税，那么，天下的百姓都很高兴，愿意在那里居住。如果真正做到这五个方面，那么，邻国的老百姓都会像对待父母一样仰慕他。（如果邻国之君要带领这样的人民来攻打他，就好比）率领儿女们来攻打他们的父母，自从有人类以来，这种事没有能成功的。像这样，就会无敌于天下。无敌于天下的人就叫「天吏」。如此而不能统一天下的，是从来没有的。』

孟子曰：『人皆有不忍人[1]之心。先王有不忍人之心，斯有不忍人之政矣。以不忍人之心，行不忍人之政，治天下可运之掌上。所以谓人皆有不忍人之心者，今人乍见孺子将入于井，皆有怵惕恻隐之心——非所以内交[2]于孺子之父母也，非所以要[3]誉于乡党朋友也，非恶其声而然也。由是观之，无恻隐之心，非人也；无羞恶之心，非人也；无辞让之心，非人也；无是非之心，非人也。恻隐之心，仁之端也；羞恶之心，义之端也；辞让之心，礼之端也；是非之心，智之端也。人之有是四端也，犹其有四体也。有是四端而自谓不能者，自贼者也；谓其君不能者，贼其君者也。凡有四端于我[4]者，知皆扩而充之矣，若火之始然[5]，泉之始达。苟能充之，足以保[6]四海；苟不充之，不足以事父母。』

【注释】

①不忍人：怜恤、恻隐的意思。②内交：结交。③要：求。④我：此处作『己』字用。⑤然：同『燃』。⑥保：与『保民而王』的『保』字同义。

【译文】

孟子说：『每个人都有怜恤、恻隐之心。先王因为有怜恤、恻隐之心，于是才有怜恤、恻隐的政治。用怜恤、恻隐之心来实行政治，治理天下，就好像用手掌摆弄小玩意儿一样容易。之所以说人人都有怜恤、恻隐之心，其道理就在于：譬如有人突然看见一个小孩子要掉到井里了，都会产生出惊骇、同情的心情——并不是因为自己要借此结交小孩子的父母，也不是想在同乡朋友中博取名誉，也不是不想听到小孩子的哭声。由此看来，一个人，如果没有同情之心，就不能叫作人；如果没有羞耻之心，就不能叫作人；如果没有推让之心，就不能叫作人；如果没有是非之心，就不能叫作人。同情之心，是仁的萌芽；羞耻之心，是义的萌芽；推让之心，是礼的萌芽；是非之心，是智的萌芽。人有这四种萌芽，就好像四肢一样。有这四种萌芽却认为自己不行的人，是自暴自弃的人；认为他的君主不行的人，就是戕害他的君主。所有具有这四种萌芽的人，如果把它们扩充发扬起来，就好像刚刚燃烧的火，刚刚流出的泉水，（具有强大的生命力。）如果能够扩充发扬，便足以安定天下；如果不能扩充发扬，那么就连赡养父母都做不到。』

孟子曰：『矢人岂不仁于函人[①]哉？矢人唯恐不伤人，函人唯恐伤人。巫[②]、匠[③]亦然。故术不可不慎也。孔子曰：「里[④]仁为美。择不处仁，焉得智？」夫仁，天之尊爵也，人之安宅也。莫之御而不仁，是不智也。不仁、不智、无礼、无义，人役也。人役而耻为役，由[⑤]弓人而耻为弓，矢人而耻为矢也。如耻之，莫如为仁。仁者如射，射者正己而后发；发而不中，不怨胜己者，反求诸己而已矣。』

【注释】

①函人：制造盔甲、铠甲的人。②巫：巫医。③匠：木工。④里：居住。⑤由：同犹。

【译文】

孟子说：『制造弓箭的人要比制造盔甲的人残忍吗？制造弓箭的人唯恐弓箭不能伤害人，而制造盔甲的人唯恐人被刀箭伤害。巫医（看病为活人服务）、木匠（制造棺椁为死人服务）也是如此，（因职业不同而想法不同。）所以说，选择谋生的职业不能不慎重。孔子说：「住的地方，要选择仁德之处。不选择仁德之处，怎么能说是聪明呢？」仁，是天赋予人最尊贵的爵位，是人居住的最好地方。没有人阻挡你，却不去行仁，这是愚蠢。不仁、不智、无礼、无义，这种人只能做仆役。当仆役而又自以为耻，正好比制造弓的人以造弓为耻，制造箭的人以造箭为耻一样。

如果真以为耻，最好还是去行仁。行仁的人好比射箭一样，射手先端正自己的姿态而后放箭；如果没有射中，不要埋怨胜过自己的人，反省自己就是了。」

孟子曰：「子路，人告之以有过，则喜。禹闻善言，则拜。大舜有[①]大焉，善与人同，舍己从人，乐取于人以为善。自耕稼、陶、渔[②]以至为帝，无非取于人者。取诸人以为善，是与人为善也。故君子莫大乎与人为善。」

【注释】

①有：同「又」。②耕稼、陶、渔：据《史记·五帝本纪》，舜曾耕于历山，渔于雷泽，陶于河滨。

【译文】

孟子说：「子路，当别人指出他的错误时，他就高兴。禹听到了善言，就给人敬礼。大舜更了不起，（当别人的意见是正确的时候，）善于与别人一致，抛弃自己的不是，接受人家的是，把非常快乐地向别人学习当作一件善事。从他种庄稼、做陶器、做渔夫，一直到做帝王，没有一处优点不是从别人那里学来的。学习别人的优点来自己行善，这就是同别人一道行善。所以说，君子最高的德行就是与别人一道行善。」

孟子曰：「伯夷，非其君不事，非其友不友。不立于恶人之朝，不与恶人言。立于恶人之朝，与恶人言，如以朝衣朝冠坐于涂炭。推恶恶之心，思与乡人立，其冠不正，望望然[①]去之，若将浼焉[②]。是故诸侯虽有善其辞命而至者，不受也。不受也者，是亦不屑就已。柳下惠[③]不羞污君，不卑小官；进不隐贤[④]，必以其道；遗佚[⑤]而不怨，阨穷而不悯[⑥]。故曰：『尔为尔，我为我，虽袒裼裸裎[⑦]于我侧，尔焉能浼我焉？』故由由然[⑧]与之偕而不自失焉，援而止之而止。援而止之而止者，是亦不屑去已。」孟子曰：「伯夷隘，柳下惠不恭。隘与不恭，君子不由[⑨]也。」

【注释】

①望望然：『去之而不顾』的样子。②浼：污。③柳下惠：春秋时鲁国人，名展禽。④进不隐贤：『见贤人而不隐蔽』之意。⑤遗佚：不被任用。⑥悯：忧。⑦袒裼裸裎：裸露身体。⑧由由然：高兴的样子。⑨由：行。

【译文】

孟子说：『伯夷，不是他理想的君主不去侍奉，不是他理想的朋友不去结交。不站在坏人的朝廷里，不同坏人说话；站在坏人的朝廷里，同坏人说话，好像是穿着礼服，戴着礼帽坐在泥路上或灰炭上。把这种厌恶坏人坏事的心理推广开来，他的想法是，同乡下人站在一起，如果那人帽子没有戴正，便不高兴地走开，好像自己会染脏似的。所以当时的诸侯君王用好言好语招他去做官，他也不接受，就是因为不屑于与这些人接近。柳下惠却不以侍奉坏君主为耻，不以自己的官小为卑下；入朝做官，不隐瞒自己的才能，但一定按照他的原则办事；不被任用，也不怨恨；穷困潦倒，也不忧愁。所以他说：「你是你，我是我，你纵然赤身裸体在我身旁，怎么能玷污我呢？」所以他很高兴地同别人在一起，并且一点也不失常态。拉住他，叫他留下，他就留下。拉他留他，就留住了他，就是因为用不着离开的缘故。』

孟子又说：『伯夷的做法太狭隘，柳下惠的做法不严肃。狭隘与不严肃，君子是不这样做的。』

公孙丑下

孟子曰：『天时不如地利，地利不如人和。三里之城，七里之郭，环而攻之而不胜。夫环而攻之，必有得天时者矣，然而不胜者，是天时不如地利也。城非不高也，池非不深也，兵革非不坚利也，米粟非不多也；委①而去之，是地利不如人和也。故曰：域②民不以封疆之界，固国不以山溪之险，威天下不以兵革之利。得道③者多助，失道者寡助。

寡助之至，亲戚畔④之；多助之至，天下顺之。以天下之所顺，攻亲戚之所畔。故君子有不战，战必胜矣。』

【注释】

①委：放弃。②域：界限。③道：此指正义、真理。④畔：同『叛』。

【译文】

孟子说：『天时不如地利，地利不如人和。方圆三里的内城，方圆七里的外城，包围起来攻打它，却不能取胜。既然围起来攻打，一定合乎天时的战机，但却不能取胜，这说明得天时不如占地利。（从守城的一面看，）城墙不是不高，护城河不是不深，兵器和铠甲不是不锐利、坚固，粮草不是不充足，（敌人来攻打）便弃城而走，这说明占地利不如得人和。所以说，限制人民的活动不必靠国家的疆界，保卫国家不必靠山川的险阻，威慑天下也不必靠武器的锐利。实行仁政就会得到很多人的帮助，不实行仁政帮助他的人就很少。帮助的人少到极点时，连亲戚都背叛了他；帮助他的人多到极点时，天下的人都归顺他。用天下人都归顺的力量去攻打连亲戚都背叛的人，那么，仁君圣主要么不打仗，如果打仗，必定会胜利。』

孟子将朝王，王使人来曰：『寡人如①就见者也，有寒疾，不可以风。朝②，将视朝，不识可使寡人得见乎？』

对曰：『不幸而有疾，不能造朝。』

明日，出吊于东郭氏③。公孙丑曰：『昔者辞以病，今日吊，或者④不可乎？』

曰：『昔者疾，今日愈，如之何不吊？』

王使人问疾，医来。

孟仲子⑤对曰：『昔者有王命，有采薪之忧⑥，不能造朝。今病小愈，趋造于朝，我不识能至否乎？』

使数人要⑦于路，曰：『请必无归，而造于朝！』

不得已而之景丑氏⑧宿焉。

景子曰：『内则父子，外则君臣，人之大伦也。父子主恩，君臣主敬。丑见王之敬子也，未见所以敬王也。』

曰：『恶！是何言也！齐人无以仁义与王言者，岂以仁义为不美也？其心曰「是何足与言仁义也」云尔，则不敬莫大乎是。我非尧舜之道，不敢以陈于王前，故齐人莫如我敬王也。』

景子曰：『否，非此之谓也。《礼》曰：「父召无诺⑨，君命召，不俟驾。」固将朝也，闻王命而遂不果，宜与夫《礼》若不相似然。』

曰：『岂谓是与？曾子曰：「晋、楚之富，不可及也。彼以其富，我以吾仁；彼以其爵，我以吾义，吾何慊⑩乎哉？」夫岂不义而曾子言之？是或一道也。天下有达尊三：爵一，齿一，德一。朝廷莫如爵，乡党莫如齿，辅世长民莫如德。恶得有其一以慢其二哉？故将大有为之君，必有所不召之臣，欲有谋焉，则就之。其尊德乐道，不如是，不足与有为也。故汤之于伊尹，学焉而后臣之，故不劳而王；桓公之于管仲，学焉而后臣之，故不劳而霸。今天下地丑⑪德齐，莫能相尚，无他，好臣其所教，而不好臣其所受教。汤之于伊尹，桓公之于管仲，则不敢召。管仲且犹不可召，而况不为管仲者乎？』

【注释】

①如：宜，当。②朝：早晨。③东郭氏：齐国大夫。④或者：表可能的副词，也许。⑤孟仲子：孟子的叔伯兄弟，从学于孟子。⑥采薪之忧：生病的代词。当时交际上的习惯语。⑦要：阻拦。⑧景丑氏：其人不可考。⑨父召无诺：《礼记·曲礼》说：『父召无诺，先生召无诺，唯而起。』其注说：『应辞唯于诺。』意为，父亲召唤，应答时应比『诺』

更恭敬。⑩慊：少。⑪丑：方言，“类”的意思。

【译文】

孟子准备去朝见齐王，恰巧齐王派人来，说：“我本应该来看你，但是着凉了，不能见风。明天早上上朝时，我会临朝办理公务，不知那时能否见到你？”

孟子答道：“很不幸，我也有病，不能上朝拜见。”

第二天，孟子要到东郭大夫家去吊丧。公孙丑说：“昨天托词有病，谢绝了齐王的召见；今天又去吊丧，也许不合适吧？”

孟子说：“昨天有病，今天好了，为什么不能去吊丧？”

齐王派人来探视病情，医生也来了。

孟仲子对来人说：“昨天王派人来传令，孟子生病了，不能奉命上朝。今天刚好一点，赶紧上朝去了，但不知是否已经到了。”

于是，孟仲子派了好几个人等在路上阻拦孟子，说：“请您无论如何不要回家，赶快到朝廷上去！”

孟子不得已，只得躲到景丑氏家去过夜。

景子说：“在家里有父子，在世上有君臣，这是人与人之间最重要的关系。父子之间以恩爱为主，君臣之间以恭敬为主。我只看见齐王对您很尊敬，却没有看见您是怎样尊敬齐王的。”

孟子说：“咳！这是什么话！在齐国人中，没有一个拿仁义的道理向齐王进言的，难道他们认为仁义不好吗？

他们心里想：「对这样的君王谈仁义有什么用呢？」这才是对王的最大的不敬。而我呢，不是尧舜的仁义之道，从不在齐王面前陈述，所以，在齐国人中，没有谁比我更尊敬王的了。』

景丑说：『不，我说的不是这个。《礼记》上说：「父亲召唤，立即起身；君主召唤，不等备好车马就先走。」你本来准备去朝见君王，一听到君王的召唤反而不去了，似乎和《礼记》上说的不相符合吧。』

孟子说：『原来你说的是这件事。曾子说：「晋国和楚国的富有，我们是赶不上的。但是，他有他的财富，我有我的仁；他有他的爵位，我有我的义，我有什么可遗憾的呢？」曾子说的这些话难道没有道理吗？这大概是有一定的道理的。天下最尊贵的东西有三样：一是爵位，一是年龄，一是道德。在朝廷中，爵位最重要；在乡里，年龄最重要；而辅佐君王统治百姓，道德最重要。哪能凭着爵位来轻视年龄和道德呢？所以大有作为的君主一定有他不能召唤的臣子，如果有事要商量，就亲自到臣子那里去。尊尚道德而乐于行仁政，如果不是这样，就不必和他做什么事业了。所以，商汤对于伊尹，先向他学习，然后以他为臣，于是不费力气就统一了天下；齐桓公对于管仲，也是先向他学习，然后以他为臣，于是不费力气就称霸于诸侯。现在，各个大国地域大小差不多，道德作风也差不多，彼此之间谁也不能称霸，没有别的原因，就是因为君主只喜欢听话的人为臣，而不喜欢能教导他的人为臣。商汤对于伊尹，桓公对于管仲，就不敢随便召唤。管仲尚且不能随便召唤，更何况高于管仲，并不以管仲为榜样的人呢！』

陈臻[①]问曰：『前日于齐，王馈兼金[②]一百[③]而不受；于宋，馈七十镒而受；于薛[④]，馈五十镒而受。前日之不受是，则今日之受非也；今日之受是，则前日之不受非也。夫子必居一于此矣。』

孟子曰：『皆是也。当在宋也，予将有远行，行者必以赆[⑤]，辞曰：「馈赆。」予何为不受？当在薛地，予有戒心[⑥]，辞曰：「闻戒，故为兵馈之。」予何为不受？若于齐，则未有处⑦也。无处而馈之，是货⑧之也。焉有君子而可以货取乎？』

【注释】

①陈臻：孟子的弟子。②兼金：上等的好金，其价倍于常者，故称『兼金』。古时所谓『金』，不是黄金，一般指铜。③一百：一百镒。二十两为一镒。④薛：此时薛已亡于齐，为齐国的一个封邑。⑤赆：路费。⑥戒心：据赵岐注，时有恶人欲害孟子，孟子戒备。⑦未有处：没有理由接受礼物。⑧货：『贿赂』之意。

【译文】

陈臻问道：『以前在齐国，齐王送给您上等金一百镒，您不接受；在宋国，宋君送给您七十镒，您接受了；在薛，薛君送给您五十镒，您也接受了。如果说过去不接受是正确的，那么现在的接受就是错的；如果现在接受是对的，那么过去不接受就是不对的。二者之中老师一定有一个错误。』

孟子说：『都是正确的。在宋国的时候，我准备远行，远行的人一定要有些路费，宋君说：「送上一点路费。」我为什么不接受呢？在薛的时候，我听说路上有危险，需要戒备，薛君说：「听说你需要戒备，送点钱给你买兵器吧。」我为什么不接受呢？至于在齐国，就没有什么理由。没有理由而赠送钱，这等于是贿赂。哪有君子接受贿赂的道理呢？』

孟子之平陆①，谓其大夫②曰：『子之持戟之士③，一日而三失伍④，则去之⑤否乎？』

曰：『不待三。』

『然则子之失伍也亦多矣。凶年饥岁，子之民老羸转于沟壑，壮者散而之四方者，几千人矣。』

曰：『此非距心之所得为也。』

曰：『今有受人之牛羊而为之牧之者，则必为之求牧[6]与刍矣。求牧与刍而不得，则反诸其人乎？抑亦立而视其死与？』

曰：『此则距心之罪也。』

他日，见于王曰：『王之为都[7]者，臣知五人焉，知其罪者，惟孔距心。』为王诵[8]之。

王曰：『此则寡人之罪也。』

【注释】

①平陆：齐国边境邑名。②大夫：战国时邑宰也称大夫。③持戟之士：守卫的士兵。④失伍：失其行伍，即脱离职守。⑤去之：罢去，开除。⑥牧：牧地。⑦都：都邑。⑧诵：背诵复述。

【译文】

孟子到了平陆，对当地的长官孔距心说：『如果你的守卫士兵，一天三次脱离岗位，你会开除他吗？』

答道：『不必等到三次，我就开除他了。』

孟子说：『那么，你自己失职的地方也很多。灾荒年成，你的百姓，年老体弱的抛尸于山沟中，年轻力壮的逃亡四方，已将近千人了。』

孔距心说：『这不是我的力量所能做到的。』

孟子说：『假如现在有一个人，接受别人的牛羊而替别人放牧，他必须为牛羊找到牧场和草料。如果找不到牧场和草料，是将牛羊退还原主呢？还是站在那里看着牛羊一只只死掉？』

孔距心说：『这么说来，是我的错了。』

过了一些时候，孟子朝见齐王，说：『齐国的都邑长官，我认识五位但能认识自己的过错的，只有孔距心一人。』于是把过去的事复述了一遍。

齐王说：『这是我的错啊！』

孟子谓蚳鼃①曰：『子之辞灵丘②而请士师③，似也，为其可以言也。今既数月矣，未可以言与？』

蚳鼃谏于王而不用，致为臣而去④。

齐人曰：『所以为蚳鼃则善矣；所以自为，则吾不知也。』

公都子⑤以告。

曰：『吾闻之也：有官守者，不得其职则去；有言责者，不得其言则去。我无官守，我无言责也，则吾进退，岂不绰绰然有余裕哉？』

【注释】

①蚳鼃：齐国大夫。②灵丘：齐国边境邑名。③士师：狱官。④谏于王而不用，致为臣而去：赵岐注：『三谏而不用，致仕而去。』⑤公都子：孟子弟子。

【译文】

孟子对蚳鼃说：『你辞去灵丘的地方官职，要求做治狱官，似乎有道理，因为可以向王进言。如今已经过去几个月了，还不能向王进言吗？』

蚳鼃向王进谏，王不采纳，于是辞职而去。

齐国有人说：『孟子替蚔鼃出的主意是不错，但是他自己是怎样做的，我还不知道。』

公都子把这话告诉了孟子。

孟子说：『我听说过：有官职的，如果无法尽其职责，就可以辞职；有进谏责任的，如果言不听、计不从，也可以辞职。我既没有官职，又没有进谏的责任，那么我的行动，不是有很宽绰的回旋余地吗？』

孟子为卿于齐，出吊于滕①，王使盖②大夫王驩③为辅行④。王驩朝暮见，反齐滕之路，未尝与之言行事也。

公孙丑曰：『齐卿之位，不为小矣；齐滕之路，不为近矣。反之而未尝与言行事，何也？』

曰：『夫既或治之，予何言哉？』

【注释】

①出吊于滕：到滕国去吊丧。②盖：齐国邑名。③王驩：盖地方长官。④辅行：副使。

【译文】

孟子在齐国做卿，奉命到滕国去吊丧，齐王派盖邑的长官王驩为副使。王驩和孟子每天都在一起，往返于齐滕两国之间的路上，而孟子却没有同他谈一句出使的公事。

公孙丑问道：『齐国卿的官位，不算小了；齐、滕之间的距离不算近了。你往返一趟，却不和王驩谈出行的公事，这是为什么？』

孟子说：『既然他一个人独断独行了，我还说什么呢？』

孟子自齐葬于鲁①，反于齐，止于嬴②。

充虞[3]请曰：『前日不知虞之不肖，使虞敦匠[4]事。严[5]，虞不敢请。今愿窃有请也：木若以[6]美然。』

曰：『古者棺椁无度，中古[7]棺七寸，椁称之。自天子达于庶人，非直为观美也，然后尽于人心。不得[8]，不可以为悦；无财，不可以为悦。得之为[9]有财，古之人皆用之，吾何为独不然？且比[10]化者[11]，无使土亲肤，于人心独无恔[12]乎？吾闻之：君子不以天下俭其亲。』

【注释】

①自齐葬于鲁：孟子在齐国做官，母丧，归葬于鲁。②嬴：地名，故城在今莱芜市西北。③充虞：孟子弟子。④匠：指木工。⑤严：指时间很紧。⑥以：太。⑦中古：一说为西周之前，一说为西周之后。⑧不得：不合法制的规定。⑨为：与。⑩比：为。⑪化者：死去的人。⑫恔：快慰。

【译文】

孟子从齐国到鲁国，安葬了母亲，又回齐国去，到了嬴地，停留下来。

充虞请问道：『前不久承蒙您不嫌弃我的愚钝，让我监管棺椁的制造。当时时间很紧迫，我不敢请教。现在我冒昧地请教：棺木似乎太好了。』

孟子答道：『上古对棺椁的尺寸，没有一定的规矩；到中古时代，对棺木的规定是七寸厚，椁与此相称就可以。从天子一直到老百姓，并不仅仅是为了美观，而是因为这样做才算尽了孝心。不按法度的规定，心中不高兴；没有足够的钱财，心中也不高兴。在符合法度而又有足够财力的条件下，古人都尽力去做，我为什么不能这样做呢？而且，为了不使死者的肌肤与泥土相挨，孝子的心难道不快慰吗？我听说过：君子不会因为别人的看法而在父母身上省钱。』

沈同[1]以其私问曰：『燕可伐与？』

孟子曰：『可。子哙[2]不得与人燕，子之[3]不得受燕与子哙。有仕[4]于此，而子悦之，不告于王而私与之吾子之禄爵；夫士也，亦无王命而私受之于子，则可乎？——何以异于是？』

齐人伐燕。

或问曰：『劝齐伐燕，有诸？』

曰：『未也。沈同问：「燕可伐与？」吾应之曰：「可。」彼然而伐之也。彼如曰：「孰可以伐之？」则将应之曰：「为天吏，则可以伐之。」今有杀人者，或问之曰：「人可杀与？」则将应之曰：「可。」彼如曰：「孰可以杀之？」则将应之曰：「为士师，则可以杀之。」今以燕伐燕，何为劝之哉？』

【注释】

①沈同：齐国大臣。②子哙：燕王。③子之：燕相国。④仕：通『士』。

【译文】

沈同以个人身份问孟子：『可以讨伐燕国吗？』

孟子答道：『可以。燕王子哙不能够（按自己的意思）把燕国交给别人，相国之子也不能从子哙那里接受燕国。假如有一个士在此，你很喜欢他，于是不向王报告就私自把自己的俸禄和爵位都让给他；而他呢，也没有王的任命就私自接受了俸禄爵位，这样可以吗？——燕国的事和这个例子有什么区别吗？』

齐国于是出兵讨伐燕国。

有人问孟子：『您劝齐国讨伐燕国，有这样的事吗？』

孟子回答：『没有。沈同问我：「可以讨伐燕国吗？」我回答说：「可以。」他们就这样去攻打燕国了。若是他再问：「谁可以去攻打燕国？」那么我会说：「只有天吏才可以去攻打。」假如现在有一个杀人犯，有人问：「这个犯人该杀吗？」我会说：「该杀。」假如他再问：「谁可以杀他呢？」那我就会说：「只有治狱官才可以去杀他。」如今，用一个和燕国同样的齐国去讨伐燕国，就等于以燕国去讨伐燕国，我为什么要劝阻他呢？』

燕人畔[1]。王曰：『吾甚惭于孟子。』

陈贾[2]曰：『王无患焉。王自以为与周公孰仁且智？』

王曰：『恶！是何言也？』

曰：『周公使管叔监殷，管叔以殷畔[3]。知而使之，是不仁也；不知而使之，是不智也。仁、智，周公未之尽也，而况于王乎？贾请见而解之。』

见孟子，问曰：『周公何人也？』

曰：『古圣人也。』

曰：『使管叔监殷，管叔以殷畔也，有诸？』

曰：『然。』

曰：『周公知其将畔而使之与？』

曰：『不知也。』

「然则圣人且有过与？」

曰：「周公，弟也；管叔，兄也。周公之过，不亦宜乎？且古之君子，过则改之；今之君子，过则顺之。古之君子，其过也，如日月之食④，民皆见之；及其更也，民皆仰之。今之君子，岂徒顺之，又从为之辞。」

【注释】

①燕人畔：齐破燕，燕王哙死，子之亡。赵国从韩国召回燕公子职，立为燕王，即燕昭王。燕昭王在其他诸侯国的支持下反抗齐国。②陈贾：齐国大夫。③管叔以殷畔：事见《史记·管蔡世家》。④食：通「蚀」。

【译文】

燕国人起来反抗齐国。齐王说：「我对孟子感到十分惭愧。」

陈贾说：「王不要担心。您自己认为，在仁和智方面您和周公相比谁更强呢？」

齐王说：「哎！这是什么话！（我哪能同周公相比？）」

陈贾说：「周公使管叔监督殷国，管叔却率领殷遗民叛乱。这一结果，如果周公早已预见到了，却仍然使管叔去监督，那就是不仁；如果周公没有预见到，就是不智。仁和智，周公都没有完全做到，何况您呢？我愿意去见孟子向他解释。」

于是，陈贾来见孟子，问道：「周公是什么样的人？」

答道：「是古代的圣人。」

问道：「周公派管叔监督殷，管叔却率领殷遗民造反，有这回事吗？」

答道：「有。」

陈贾说：「周公是早预见到管叔会造反而派他去吗？」

答道：「周公是不会预见到的。」

陈贾问：「这样说来，圣人也会有过错吗？」

答道：「周公是弟弟，管叔是哥哥，（周公不去怀疑哥哥会叛乱。）周公的这种错误，不也是合乎情理的吗？而且，古代的君子，有了过错随即改正；今天的君子，有了过错就将错就错。古代的君子，他的过错就好像日食、月食，老百姓都能看得到；当他改正的时候，人们都敬仰钦佩。今天的君子，不仅将错就错，而且还为错误进行辩护。」

孟子致为臣而归[1]。王就见孟子，曰：「前日愿见而不可得，得侍同朝，甚喜。今又弃寡人而归，不识可以继此而得见乎？」

对曰：「不敢请耳，固所愿也。」

他日，王谓时子[2]曰：「我欲中国[3]而授孟子室，养弟子以万钟[4]，使诸大夫国人皆有所矜式[5]，子盍为我言之？」

时子因陈子而以告孟子。陈子以时子之言告孟子。

孟子曰：「然。夫时子恶知其不可也？如使予欲富，辞十万[6]而受万，是为欲富乎？季孙[7]曰：『异哉子叔疑[8]！使己为政，不用，则亦已矣，又使其弟子为卿。人亦孰不欲富贵？而独于富贵之中有私龙断[9]焉。』古之为市也，以其所有易其所无者，有司者治之耳。有贱丈夫[10]焉，必求龙断而登之，以左右望，而罔市利。人皆以为贱，故从而征之。征商自此贱丈夫始矣。」

【注释】

①致为臣而归：辞去臣的职务返回家乡。②时子：齐国大臣。③中国：国之中。④钟：一钟等于六石四斗。

⑤矜式：尊敬、效法。⑥十万：言其多，不必作确数看。⑦季孙：其人已不可考。⑧子叔疑：其人已不可考。⑨龙断：即『垄断』。⑩丈夫：成年男子的通称。

【译文】

孟子辞去齐国大臣的职务准备回家。齐王来到孟子的住处相见，说：『以前想见到您却见不到，后来能够一起共事，我非常高兴。现在您又抛弃我而回去了，不知以后还能相见吗？』

孟子说：『对此，我不敢请求罢了，这正是我本来的愿望。』

过了一段时间，齐王对时子说：『我想在城中给孟子一所房子，用万钟粟供养他的弟子，使我国的官吏和百姓都有效法的榜样？你何不替我向孟子谈一谈？』

时子托陈子转告孟子。陈子就把时子的话告诉了孟子。

孟子说：『我知道了。时子哪晓得这件事不能做呢？假如我贪图财富，辞去十万钟的俸禄而接受一万钟的赐予，这难道是贪图财富吗？季孙说过：「子叔疑这个人真奇怪，自己要做官，别人不用也就罢了，却又让他的弟子做卿大夫。谁不想富贵？但他却是希望把富贵垄断于一人之身。」古时候做买卖，以有易无，有专门的机构来管理。但有个卑贱的汉子，却希望把所有的利益都垄断于自身，他左边望望，右边看看，想把好处都网罗过来。人们都觉得这人卑贱，因此抽他的税。向商人抽税并轻视商人便从此开始了。』

孟子去齐，宿于昼①。有欲为王留行者，坐而言。不应，隐几而卧。

客不悦曰：『弟子齐宿②而后敢言，夫子卧而不听，请勿复敢见矣。』

曰：『坐，我明语子。昔者鲁缪公[3]无人乎子思之侧，则不能安子思；泄柳、申详[4]无人乎缪公之侧，则不能安其身。子为长者[5]虑，而不及子思。子绝长者乎？长者绝子乎？』

【注释】

①昼：齐国邑名，在今山东淄博市。②齐宿：斋宿，斋宿一天，以示恭敬。齐，斋。③鲁缪公：即鲁穆公。④泄柳、申详：两人都是鲁穆公时的贤人。⑤长者：孟子自称。

【译文】

孟子离开齐国，在昼邑过夜。有一位想替齐王挽留孟子的人，恭敬地坐着同孟子说话。孟子却不加理会，依在几案上打瞌睡。

客人很不高兴，说道：『我昨天恭敬斋戒，今天才敢与您说话，您却不听，以后再也不敢与您相见了。』（于是，起身要走。）

孟子说：『请坐下，让我明白地告诉你。（古人怎样对待贤人呢？）鲁缪公对待子思，如果子思身边没有人侍奉，就觉得自己不能安心；而泄柳、申详这些人，如果没有（贤人）在鲁缪公身边，他们自己也不安心。你为我这个长者想想，连子思和鲁缪公那样的往事都未考虑到，（不去劝说齐王改变态度，只用空话留我。）这样，是你跟我过不去呢？还是我跟你过不去？』

孟子去齐，尹士[1]语人曰：『不识王之不可以为汤武，则是不明也；识其不可，然且至，则是干泽[2]也。千里而见王，不遇故去，三宿而后出昼，是何濡滞也？士则兹不悦？』

高子③以告。

曰：『夫尹士恶知予哉？千里而见王，是予所欲也。不遇故去，岂予所欲哉？予不得已也。予三宿而出昼，于予心犹以为速，王庶几改之！王如改诸，则必反予。夫出昼，而王不予追也，予然后浩然有归志。予虽然，岂舍王哉？王由④足用⑤为善。王如用予，则岂徒齐民安？天下之民举安。王庶几改之！予日望之！予岂若是小丈夫然哉——谏于其君而不受，则怒，悻悻然见⑥于其面，去则穷日之力而后宿哉？』

尹士闻之，曰：『士诚小人也。』

【注释】

①尹士：齐国人。②干：求。泽：禄。③高子：孟子弟子。④由：同『犹』。⑤足用：足以。⑥见：同『现』。

【译文】

孟子离开了齐国。尹士对别人说：『识别不出齐王达不到商汤、周武王那样的圣明，那便是孟子不明智；明明知道齐王不行，还是要来，那便是孟子贪求富贵。不远千里来与齐王相见，不得知遇而离开，在昼邑停了三天才离开，为什么这样磨蹭呢？我对此就很不高兴。』

高子把这话告诉了孟子。

孟子说：『那个尹士哪能了解我呢？不远千里来见齐王，这是我的愿望。得不到知遇而离开，难道也是我的愿望吗？只是我不得已罢了。我在昼停了三天才离开，在我看来还太快了，我还希望齐王会改变态度。齐王如果改变态度，一定会把我召回。我离开昼邑，而齐王没有追回我，于是我才下决心回家乡去。虽然这样，我难道肯抛弃齐王吗？

齐王还是可以行仁政的。假如齐王用我，何止齐国的百姓会得到太平，天下的百姓都能得到太平。齐王也许会改变态度，我天天在盼望着！我难道像那样小气的人吗？向王进劝谏之言，不得采纳，于是便恼怒，满脸不高兴，一旦离开，非得走到筋疲力尽不肯歇脚吗？』

尹士听了这些话后，说：『我真是个小人。』

孟子去齐，充虞路问曰：『夫子若有不豫色然。前日虞闻诸夫子曰：「君子不怨天，不尤人。」』曰：『彼一时，此一时也。五百年必有王者兴，其间必有名世者①。由周而来，七百有余岁矣②。以其数，则过矣；以其时考之，则可矣。夫天未欲平治天下也；如欲平治天下，当今之世，舍我其谁也？吾何为不豫哉？』

【注释】

①名世者：指辅佐王者之才。②七百有余岁矣：此时距周武王时已有七百余年。

【译文】

孟子离开齐国，在路上，充虞问道：『您看起来好像很不高兴的样子。从前我听您说过：「君子不抱怨天、不责怪别人。」』

孟子说：『那时是那时，现在是现在。每过五百年必定有一位圣王兴起，其间也必定有命世辅佐之才。从周武王以来，到现在已经七百多年了。论年数已超过了五百年；从时势来看，现在正是出现圣君贤臣的时候。上天不想使天下太平吧；如果想使天下太平，在当今世界上，除了我还有谁呢？我为什么不高兴呢？』

孟子去齐，居休①。公孙丑问曰：『仕而不受禄，古之道乎？』

曰：『非也。于崇②，吾得见王，退而有去志，不欲变，故不受也。继而有师命③，不可以请。久于齐，非我志也。』

【注释】

①休：地名，距孟子家约百里。②崇：地名，今不可考。③师命：师旅之命。

【译文】

孟子离开齐国，停留在休这个地方。公孙丑问道：『做官却不受俸禄，合乎古道吗？』

孟子回答：『不。在崇这个地方，我见到了齐王，回来后就有离开的想法，不想改变，所以不接受俸禄。不久，齐国有战事，不能请求离开。长久地留在齐国，不是我的心愿。』